황혼의 남라 때, 사랑하고 또 사랑하라

황혼의 남과 여, 사랑하고 또 사랑하라

지은이	김기영
펴낸이	김원중

편 집	변경련, 심현정
디자인	이지영, 조시내
마케팅	배병철
제 작	허석기
관 리	송선화

초판인쇄 | 2009년 11월 12일
초판발행 | 2009년 11월 18일

출판등록 | 제313-2007-000172(2007.08.29)

펴낸곳	(주) 상상나무
펴낸곳	도서출판 상상예찬
주 소	서울시 마포구 상수동 324-11
전 화	(02)325-5191
팩 스	(02)325-5008
홈페이지	http://smbooks.com

ISBN 978-89-93484-08-3 03330

값 12,000원

*잘못된 책은 바꾸어 드립니다.
*본 도서는 무단 복제 및 전재를 법으로 금합니다.

황혼의 남과 여, 사랑하고 또 사랑하라

_김 기 영 지음

●○●○●○●○●○ **추천의 글**

노인에 대한 사랑은 자기의 미래에 대한 사랑

　　　　　　　　　　　우리나라는 지난 2000년을 기점으로 고령화 사회에 접어들었고 2023년에는 노인 인구가 20% 이상이 되는 초고령 사회에 진입할 것이라고 한다. 그래서인지 가끔 전철을 타보면 노약자석이 모자랄 만큼 노인들이 많아졌고, 서점에 가보면 '유쾌하게 나이드는 법'이나 '성공적인 노화', '행복한 노년' 등 노인들의 삶의 질 개선과 관련한 책들이 한 코너를 차지하고 있으며 은퇴 후 30~40년을 걱정하는 중·장년들이 늘고 있다.

　젊은 나이에는 '노년'이나 '노후'라는 단어가 자기와는 관계없는 남의 이야기처럼 낯설게 느껴지기 마련이다. 하지만 노인이라고 불릴 나이가 가까워지면 '노'자만 들어도 귀가 쫑긋해지고 늙음에 대해 진지하게 고민하게 된다. 생로병사는 누구도 거스를 수 없는 자연의 이치로 여기며 늙어가는 것을 담담하게 받아들이는 사람들이 있는가 하면, 노화를 까마득한 훗날의 문제로 보고 자기는 마냥 젊은 가운데서만 살 것으로 자만하는 사람들도 없지 않다. 부의 양극화에 따라 노년의 삶도 양극화되어 노년을 풍족하게 즐기는 사람들이 있는가 하면 자식에게 헌신하느라 아무 준비 없이 노후를 맞게 되어 경제적으로 어려운 사람들도 있다. 그런데 노화를 받아들이는 마음가짐이나 경제적 여건에 관계없이 노인들 모두가 공통적으로 억압받는 것이 하나 있는데, 그것은 바로 성(性)과 사랑이다. 젊은이만이 성과 사랑의 주인공이고 노인들이 성과 사랑을 이야기하면 점잖지 못한 것으로 인식되는 사고방식 탓에 노년의 욕망이 억압받아 왔으며 사람들의 따가운 시선을 피해 그늘진 곳으로 숨을 수밖에 없었던 것이 사실이다.

　그러나 오늘날의 노인들은 자기 나이에 0.7를 곱해야 진짜 나이라고 할

추천의 글

만큼 육체적으로나 정신적으로 건강하며 자신의 남은 생을 적극적으로 살아가려는 의지가 강하다. 이들에게 금욕을 강요하는 것은 시대착오적이며 가혹한 처사가 아닐 수 없다. 노년의 성을 왜곡된 시선으로 보거나 무관심으로 일관하는 사람들이 있다면 이들 역시 언젠가는 노인이 될 것이며 이 문제에서 결코 자유로울 수 없음을 알아야 한다.

저자인 김기영 원장은 교육자이자 연구자, 그리고 복지사로서 평소 노인의 성 문제를 사회정책적 차원뿐만 아니라 복지적 차원에서 접근해야 한다는 지론을 갖고 석사학위 논문을 훌륭하게 작성하였다. 또한 '노인의 성' 문제가 너무도 심한 편견과 왜곡에 의해 억압받고 있음에 주목하여 지난 2005년 《다시 찾은 성의 르네상스》라는 단행본을 발간함으로써 그동안 우리가 터부시해 온 '노인의 성' 문제를 공론화시켰다. 그리고 방송과 지면, 소양강좌나 대학(원) 및 시민교육을 통해 '노인의 성' 문제가 노인복지와 가족문제의 핵심적 과제임을 강조해왔고, 그간의 경험과 연구를 토대로 《황혼의 남과 여, 사랑하고 또 사랑하라》라는 책을 써서 '노인의 성' 문제에 대한 보다 구체적인 대안을 제시하고 있다. 인생의 황혼에 다다른 사람들이 젊은이 못지않게 당당한 사랑을 할 수 있도록 용기를 불어넣어 주는 이 책은 비단 노인뿐만 아니라 노년을 준비하는 모든 이들에게 큰 도움이 될 것이라 확신한다.

2009년 11월
중앙대학교 행정대학원장 겸 정경대학장
이 규 환

감수자의 글

'오래' 사는 것보다 '어떻게' 사느냐가 중요하다

한국의 과학기술 예측에 따르면 머지않은 미래에 '무병장수'가 가능해질 것이라고 한다. 2020~30년경 '스마트 약'으로 불리는 나노 캡슐이 개발되면 사람의 몸속에 들어가서 특정 질병의 바이러스에 약물을 방출함으로써 질병을 치료할 수 있다고 한다. 또한 나이가 들어 장기가 노화되더라도 자신의 줄기세포로 배양한 새 장기로 대체할 수 있고, 비아그라를 뛰어넘는 획기적인 치료제가 개발돼 노년의 성생활이 크게 개선될 것이라 예측한다. 어떤 사람들은 이러한 과학기술의 발달이 고령화 사회의 노인복지와 성 문제까지 말끔하게 해결할 것이라 막연한 기대를 갖기도 한다. 그러나 이는 안이한 사고방식이 아닐 수 없다. 왜냐하면 사람들의 인식과 관습의 변화는 기술의 발달에 비해 그 속도가 더디기 때문으로, 이 두 가지가 서로 어긋날 경우 많은 문제를 야기할 수도 있다.

고령화 사회를 이야기하는 사람들은 대체로 '장수'에 큰 관심을 보이지만 정작 중요한 것은 얼마나 오래 사느냐보다 '어떻게 사느냐' 하는 문제다. 오늘날 정부의 노인복지 프로그램을 보면 경로연금 지급이나 복지시설 확충 등에만 집중할 뿐 노인의 삶의 질 전반에 대한 폭넓은 관심이 부족하고, 특히 성 문제에 소홀한 것이 사실이다. 그러나 노년의 삶의 질을 논하는 데 있어서 '성과 사랑'을 빼놓을 수 없으며 노년기의 성생활은 삶의 만족도를 높이는 데 결정적인 역할을 한다.

감수자의 글

이 책이 노년의 성과 사랑에 대한 우리 사회의 관심을 환기시키는 데 일조하기 바라며 노년기에 적합한 성 문화를 확립하고 노인의 성에 대한 교육 프로그램을 활성화하는 데도 도움이 되기를 희망한다.

2009년 11월
의학박사 **이 종 구**

● ○ ● ○ ● ○ ● ○ ● ○ **시작하는 글**

아름다운 황혼의 삶을 위하여

몇 달 전 사람들이 붐비는 출근시간에 지하철을 탔던 적이 있다. 숨이 막힐 정도로 꽉꽉 들어찬 만원 지하철에서 씨름하다 보니 다음 역에서 우르르 내리는 사람들을 보면 살 것 같다가도 꾸역꾸역 올라타는 사람들을 보면 괜히 원망스러워졌다. 그런데 머리가 하얗게 센 할아버지 두 분이 사람들 틈을 비집고 올라타자 짜증스러운 눈길로 흘끔거리는 이들이 있었다. "이 바쁜 시간에 노인들이 왜 돌아다니는 거야…."라고 누군가가 조그맣게 중얼거리는 소리가 들렸다. 그러자 동행인 듯한 옆 사람이 말을 이어 받았다. "아무리 지공선사라도 그렇지, 출근시간은 피해주는 센스가 있어야 하는데…." "지공선사? 그게 뭐야?" "지하철 공짜로 타고 경로석에 참선하듯 앉아있는 노인들." "하긴… 지하철 공짜로 타고 오이도로, 인천으로, 천안으로 유랑다니면서 시간 죽이는 노인들이 많다더라." 그러자 할아버지 두 분이 불쾌한 얼굴로 헛기침을 했는데 아마 그 두 사람의 대화를 들었던 것 같다. 구시렁거리던 두 사람은 별로 미안한 기색도 없이 할아버지들을 흘끔 보더니 대화의 주제를 다른 데로 돌렸다.

시작하는 글

그와 비슷한 일이 또 있었다. 언젠가 저녁식사를 하러 먹자골목을 기웃거리다가 70대 노인 대여섯 명이 호프집에 들어가려는 것을 보았다. 그런데 종업원이 나와서는 영업시간이 아직 안 됐다며 노인들을 돌려보내는 게 아닌가. 호프집 유리 너머로 안을 들여다보니 테이블에는 손님들이 제법 앉아있었고 물론 빈 자리도 있었다. 노인들은 종업원의 뻔한 거짓말에 속아주며 그런 푸대접에는 이미 익숙해졌다는 듯 순순히 물러났다. 나중에 들은 얘기에 따르면 노인들은 안주도 많이 안 시키고 시끄러운데다 자리에 오래 앉아 있기 때문에 호프집 같은 데서 별로 반기지 않는다고 했다.

물론 위에서 언급한 두 가지 일화는 그저 일화일 뿐, 노인들에 대한 보통 사람들의 생각을 대변하지는 않는다. 그러나 우리 사회에서 고령세대가 차별의 울타리에 갇혀 일종의 집단 왕따를 당하고 있는 것은 부인할 수 없는 사실이다. 이는 매스컴에 등장하는 노인들의 모습에서도 여실히 드러난다. TV 교양 프로그램에 나오는 노인들은 자식을 위해 모든 것을 희생한 집단, 혹은 버림받고 궁핍한 집단으로 그려진다. 그리고 예능 프로그램에서는 과장된 촌스러움을 지닌 집단이나 더할 나위 없이 순박한 집단으로 그려진다. 전 국민에게 가슴 찡한 감동을 안겨준 영화 〈집으로〉에 나온 할머니는 모든 걸 다 주어도 더 주고 싶을 만큼 희생적이고 완전무결한 모성의 소유자다. 가난한 할머니는 다 무너져가는 초라한 집에 기거하며 애처로울 만큼 허리가 굽어있고 귀까지 잘 안 들린다. 그래서 할머니는 철없는 손자 녀석이 버릇없이 굴어도 그저 마음만 졸일 뿐 큰 소리로 야단 한 번 치지 못한다. 또한 세속적인

시작하는 글

욕망과는 철저하게 담을 쌓은 인물이다. 이처럼 대부분의 사람들이 생각하는 노인은 욕망의 주체도, 대상도 아니며 그저 희생과 무욕의 존재로서 생산적인 것과는 거리가 멀다.

이러한 사고방식은 1960년대에 주창되어 한때 뜨거운 논란을 일으켰던 '사회유리설Disengagement Theory'에 근거하고 있는 듯하다. 사회유리설에 의하면 노년은 모든 일·사랑·인간관계를 털어내고 죽음을 준비하는 시기이다. 노인이 되면 은퇴와 함께 사회적 활동을 줄이고 사람들과의 상호작용도 줄이면서 조용히 지내는 것이 정상적이며, 이러한 경향은 노인 자신이나 사회를 위해서 기능적이라고 한다.

그러나 오늘날에는 사회유리설과는 정반대인 '활동이론Activity Theory'이 주류를 이루고 있다. 활동이론에 의하면 생물학적 측면의 불가피한 변화를 제외하고는 노인은 근본적으로 중년기와 다름없는 심리적, 사회적 욕구를 지니고 있으며 노인의 사회적 활동의 참여도가 높을수록 노인의 심리적 만족감 혹은 생활만족도가 높아진다. 미국의 노화연구 단체인 맥아더 재단 역시 주변과 친밀한 관계를 유지하고 의미있는 활동에 참여하는 것이 노년기에 있어 중요하다고 했다.

어느 노벨상 수상자는 20세기의 가장 중요한 성취가 무엇이냐는 질문에 '늘어난 수명'이라고 대답했다고 한다. 의학의 발달로 일종의 '수명 보너스Life Bonus'를 받은 오늘날의 사람들은 지금껏 한 번도 경험해보지 못한 고령화 사회를 맞이하게 되었다. 고령화 사회에서는 인구 지도가 확연히 바뀔 것

시작하는 글

이므로 생산성 향상을 꾀하고 복지를 확대해야 하는데 이런 시스템 변화 못 지않게 인식의 변화가 중요하다고 생각한다. 고령세대와 비고령세대가 함께 어우러져 살기 위해서는 고령화 사회를 앞장서서 경험하는 오늘날의 노인을 제대로 이해하는 게 우선이며 고령자에 대한 편견과 차별의 시선에서 벗어나야 한다.

   몇 년 전 〈마파도〉라는 영화가 개봉했을 때 20대도 30대도 아닌, 할머니라 부를 나이의 여배우들이 포스터를 장식한 것을 보고 신선한 충격을 받았었다. '조폭보다 무서운 다섯 할매'라는 홍보문구 또한 관심을 끌었다. 막상 영화를 보니 할머니들의 카리스마는 대단했다. 서울서 주름깨나 잡았다는 닳고 닳은 형사와 건달도 할머니들 앞에선 꼼짝 못하고 무임금 노동에 착취(?) 당했다. 다섯 할머니들은 걸쭉한 농담과 욕지거리를 거침없이 쏟아내고 틈만 나면 육지 총각들 엉덩이를 노리며 갓 잡아올린 물고기처럼 팔딱거리는 욕망을 드러냈다. 그들은 우리가 흔히 생각하는 것처럼 무력하고, 외롭고, 성생활이 없으며 비생산적이고 불행한 노인상과는 전혀 달랐고, 지독히도 세속적인가 하면 티없이 맑고 천진난만했다. 물론 현실이 아닌 영화 속의 이야기에 불과하나, 그들을 그렇게 만든 힘은 무엇일까 생각하지 않을 수 없었다. 그것은 아마 나이 들어도 퇴색하지 않는 생생한 욕망과 스스로 생계를 꾸려나가는 자립생활이 아닐까 생각한다. 열심히 욕망하며, 일하며 살 수 있다면 나이에 상관없이 자기 삶에 당당해질 수 있는 것이다. 프로이트는 성인기의 발달과제를 '일과 사랑'이라고 보았고 이 두 가지가 인생에서 가장 중요하다고

○●○●○●○●○●○● 시작하는 글

했다. 이는 노인도 마찬가지여서 그들 역시 일을 하며 사회적 정체성을 끊임없이 확인할 필요가 있다. 돈벌이가 된다면 더할 나위 없겠지만 설령 돈벌이가 안 된다 하더라도 보람되고 가치있으며 몸을 움직일 수 있는 생산적인 활동이 필요하다.

노년기 삶에 있어서 또 하나의 중요한 요소는 바로 사랑인데, 유독 노인의 사랑에 있어서만은 성을 배제하려는 사람들이 있다. 그들은 노인이 성적 능력을 상실했다고 생각하거나 노인이 성적 욕망을 가지는 것은 아름답지 못하다고 생각한다. 그러나 성은 인간의 가장 기본적인 욕망으로, 노화 과정을 거치면서 성적 기능과 욕구가 일정 부분 감소할 수는 있겠지만 결코 소실되는 것은 아니다. 살아있는 한 성과 사랑에 대한 욕망은 사라지지 않으며 고령자가 됐다고 해서 욕망을 거세하는 것은 그들이 인간답게 살 권리를 침해하는 것이다. 또한 노인의 성생활이 아름답지 못하다고 생각하는 것은 비고령자가 가진 잘못된 편견일 뿐이며 그들의 눈에 거슬리지 않기 위해서 노인들이 욕망을 누르고 살아야 할 이유는 없다. 노인들의 성을 바라보는 부정적 시각과는 달리 노인들 대부분은 노년기의 성을 매우 중요하다고 생각하며 성에 대하여 긍정적인 태도를 가지고 있고, 배우자의 유무에 관계없이 성에 대한 욕구가 강함을 알 수 있다.

남녀노소를 막론하고 성은 삶의 근원적인 에너지이며 힘든 일상을 이겨내게 하는 활력소다. 성적 본능을 충족시키는 것은 물론, 신체에 의한 자기 표출의 수단이며 애정과 친밀함을 유지함으로써 정신적 불안정이나 슬픔까지

시작하는 글

도 해소할 수 있다. 또한 노년의 성생활은 젊음을 되찾고 생명을 연장할 수 있는 묘약이기도 하다. 노인 스스로가 자신은 이제 늙었다는 체념과 패배의식에 젖어 성과 사랑을 포기하는 일은 없어야 하며 그들이 거리낌없이 당당하게 사랑할 수 있도록 인식의 전환이 필요하다.

2009년 11월
김 기 영

차 례

/**추천의 글**/*노인에 대한 사랑은 자기의 미래에 대한 사랑*_ 4

/**감수자의 글**/ *'오래' 사는 것보다 '어떻게' 사느냐가 중요하다*_ 6

/**시작하는 글**/*아름다운 황혼의 삶을 위하여*_ 8

Part 1 노년의 재발견

노화란 무엇인가__ 20
노화의 원인을 설명하는 이론들 / 노년에 찾아오는 변화 /
노년기는 가장 중요한 시기, 끝이 좋아야한다

노년의 성을 말하다_ 30
여성의 갱년기 / 폐경은 성의 마침표가 아니다 /
남성의 갱년기 / 고개 숙인 남자들 / 아직 불이 꺼지지 않았다

고령화 사회가 온다__ 47
평균수명 100세 시대를 향하여 / 시니어 르네상스의 도래 /
고령화 사회의 과제

노인들이 변하고 있다__ 58
젊어지는 노인들 / 실버세대의 성과 사랑

Contents

Part 2 성의 정년은 없다

편견 속에 갇힌 노인의 성__ 72
성은 젊음의 특권인가? / 노년의 성을 위협하는 것들 /
음양이 조화를 이룰 때 만물이 편안하다

노년의 성 혁명__ 84
성의 정년에 관한 논란 / 성생활은 계속된다 /
대중문화에 나타난 변화의 조짐들 / 문제적 그 영화 〈죽어도 좋아〉

노년의 성, 왜 중요한가?__ 98
섹스는 건강에 해롭지 않다 / 섹스가 좋은 10가지 이유 /
성이 없으면 빨리 늙는다 / 사용하라, 그렇지 않으면 녹슨다

성이 바로 서야 삶이 바로 선다__ 109
소리없이 늘어나는 성병 / 노인들에게도 구성애가 필요하다

차 례

Part 3 황혼의 성은 즐겁다

성은 노년의 활력 _ 118
열정을 포기하지 마라 / 금욕은 미덕이 아니다

공부하듯 성을 배우고 익혀라 _ 125
발기만이 전부가 아니다 / 알면 더 즐거운 사랑의 기술 /
다양한 성 보조기구를 이용하라 / 섹스할 때 주의해야 할 것들

성의 위기, 어떻게 극복할 것인가 _ 142
성혁명의 주역 비아그라 / 정력제 남용은 금물 /
여자이기를 포기하지 마라

건강한 몸이 최고의 정력제 _ 163
운동으로 건강을 지킨다 / 나이 들수록 잘 먹어야 한다

Contents

Part 4 황혼을 건너는 법

황혼의 위기를 넘어서라__ 174
남자는 약해지고 여자는 강해진다 / 노년기의 부부관계 /
상대를 배려할 줄 알아야

열 효자보다 악처가 낫다__ 192
황혼 재혼을 하면 좋은 점 / 자녀들의 반대가 가장 큰 걸림돌 /
황혼 재혼에 성공하려면 / 결혼이 아니어도 좋다

황혼기의 이성교제__ 206
어르신들을 위한 데이트 코치 / 열정 때문에 판단력을 잃지는 말아라

성공적인 노화를 위하여__ 213
무병장수의 비결/ 실버취업을 늘려라 /
행복한 노년을 위한 십계명

/마치는 글/황혼의 사랑, 따뜻한 시선이 필요하다_ 228

⋮

나와 함께 늙어가자
아직 최고의 순간은 오지 않았다
인생의 후반
그것을 위해 인생의 초반이 존재하나니

-로버트 브라우닝의 시 中에서

노화란 무엇인가
노년의 성을 말하다
고령화사회가 온다
노인들이 변하고 있다

노년의 재발견

Part 1

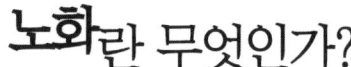

노화란 무엇인가?

아름다운 젊은이들은 자연의 우발적인 산물이지만
아름다운 노인들은 스스로의 노력으로 만들어지는 예술작품이다.

한 번뿐인 인생에서 오래 살고자 하는 욕심은 당연하다. 죽어 없어지는 것을 두려워하는 마음에 영원히 살 수는 없을까 생각하는 것도 자연스러운 일이다. 불로초를 찾아다니며 영생을 꿈꾼 것이 비단 진시황 뿐만은 아닐 것이다. 불로장생에 대한 꿈은 타당성을 떠나서 인간의 본능적인 욕구라 할 수 있다.

첨단 과학과 의술이 발달한 오늘날, 새로운 주름 제거술과 노화를 방지하는 각종 치료법들이 앞다투어 소개되고 있다. 다가오는 고령화 사회에서 항노화 산업은 폭발적인 성장세를 보일 것이 틀림없다. 그런데 필자는 가끔 거울을 들여다보며 허탈해질 때가 있다. 노화방지에 효과가 있다고 하는 화장품들도 별 소용이 없는 듯하고, 늘어만 가는 흰 머리를 검은 머리로 바꿀 방법이 아직까지도 염색 말고는 없다. 젊음을 유지하고픈 욕망은 한이 없지만 현실은 거기에 미치는 못하는 느낌이다. 그럴 때면 어떻게 늙어가는 것이 좋은 것인지 고민하게 된다.

브리태니커 백과사전에 의하면 노화aging란 '유기체를 노쇠한 상태로 이끄는 점진적인 생리 변화, 또는 대사 스트레스에 대한 유기체의 적응 능력과 생체기능의 감퇴'라고 정의되어 있다. 노화란 연령이 증가하면서 발생하는 점진적인 구조적 변화로서 질병이나 사고에 기인하지 않고 궁극적으로 사망을 초래하는 것이라고도 정의할 수 있다. 노화는 인간의 정상적인 성장과 발달과정의 한 부분으로 생물학적 노화, 심리적 노화, 사회적 노화의 세 과정을 포함한다.

노인이란 앞에서 설명한 노화의 과정을 겪고 있는 사람을 말한다. 그렇다면 언제부터 노인이라고 할 수 있을까? 주관적인 판단이나 퇴직과 같은 사회적 기준, 또는 기능적인 한계에 따라서 노인으로 규정할 수 있는 연령이 저마다 다를 수 있다. 하지만 일반적으로 인구학이나 사회학 분야에서는 65세 이상을 노인으로 정의하고 있고, 노인복지법에서도 65세를 노인의 기준으로 삼고 있다. 그러나 65세 이상을 동일한 노인집단으로 취급함으로써 노인의 개인적 및 사회적 특성이 무시된다는 지적이 나오자 미국에서는 노인의 정의를 좀 더 세분화하였다. 55~74세까지를 젊은 노인young-old으로, 75세 이상을 고령노인old-old으로 구분하는가 하면 60~64세를 젊은 노인young-old으로, 65~74세까지를 중고령 노인middle-old으로, 75세 이상을 고령노인old-old으로 정의하기도 한다. 이러한 구분은 평균수명이 크게 늘어나고 있는 현실을 감안할 때 매우 유용한 정의라고 할 수 있다.

❧ 노화의 원인을 설명하는 이론들

 '왜 나이가 들면 몸이 늙고 결국 죽는가?', '무엇이 노화의 원인인가?', '어떻게 하면 노화를 방지할 수 있는가?' 수많은 의학자, 생물학자, 심리학자, 노년학자들이 노화의 원인에 대해 많은 연구를 해왔고 여러 가지 이론들이 제시되고 있다.

 그중 첫째는 노화예정설이다. 모든 생물체는 유전자에 노화가 프로그램화되어 있어서 시간이 경과하고 나이가 들게 되면 예정되어 있는 노화가 진행된다고 한다. 이 이론에 의하면 성장과 노화의 과정은 정상적인 유전신호의 흐름의 연장선에 놓여있고, 유전적으로 미리 계획된 생물학적 시계에 따라 노화가 진행된다. 인간의 수명은 120세 정도이며 장수에 좋은 온갖 방법을 동원해도 불로장생할 수는 없다는 것이다.

 둘째는 DNA 작용 과오 이론이다. 모든 세포들은 그 안에 DNA라는 유전인자를 가지고 있다. 이 DNA가 단백질을 결합하는 과정에서 DNA 유전정보에 맞지 않는 것이 생산되고, 이것이 축적되어 노화를 초래한다는 이론이다. 비정상적으로 노화해 가는 조로증 환자들은 선천적으로 노화의 속도가 정상인보다 훨씬 더 빠른데, 이것은 비정상적인 유전인자에 의한 것으로 보고 있다.

 셋째는 사용마모 이론이다. 기계를 오래 사용하면 마모되듯이 신체기관도 오래 사용하면 마모되어 점차 노화된다는 이론이다. 신체는 심장의 펌프에 의해 생명을 유지하고, 관절은 레버나 도르레와 유사한 방식으로 작동하는데 이러한 기계들이 결국엔 닳아져 못 쓰게 된다는 것이다. 그러나 노화의 원인을 규명하기에는 부족함이 많은 이론이다.

넷째는 노폐물 축적 이론이다. 인체에 해로운 화학물질이나 방사선 등에 의해 세포 내 노폐물이 형성되어 오랜 기간 축적되면 세포의 정상적인 기능이 떨어져서 결국 노화가 진행된다고 보는 이론이다.

다섯째는 활성산소론이다. 노화는 활성산소의 부작용에 기인한다는 설로 최근에 주목을 받고 있다. 인간은 호흡으로 얻은 산소로 체내의 음식물들을 연소하고 에너지를 얻는데 이 중에 10% 가량의 산소가 물로 환원되지 않고 유해한 활성산소가 된다. 이 활성산소가 인체에 해를 끼쳐 각종 성인병이나 암을 일으키고 결국 노화를 초래한다는 설명이다.

여섯째는 면역체계설이다. 우리 몸에 들어온 이물질을 공격해 질병으로부터 보호해주는 것이 바로 면역체계인데, 이러한 면역기능을 조절하고 지배하는 분비샘은 가슴샘(흉선)이다. 나이가 들면서 가슴샘이 작아지면 신체의 면역기능이 약화되어 결국 노화가 진행된다는 이론이다.

이러한 이론들은 우리가 경험하는 노화현상 가운데 일부분을 설명하는 데는 유용할 수도 있다. 하지만 노화에 대한 모든 것을 전체적으로 설명하기에는 부족함이 있다.

⚜ 노년에 찾아오는 변화

나이가 들면 여러 가지 변화가 찾아오는데 그중에서 가장 눈에 띄는 것이 신체적인 변화들이다. 생물학적인 노화가 진행되기 시작하면 몸속의 지방이 크게 늘어나고 조직은 줄어들며 수분이 상당량 감소하게 된다. 근육은 25~30세에 그 기능이 최고 수준에 달하나 그 이후 차츰 감소하고 골량 또한 30대에 최대가 되나 나이가 들수록 줄어든다. 특히 뼈밀도 소실은 남성보다 폐경기 이후의 여성들, 그리고 신체활동이 적은 사람들에게서 급격히 증가한다. 또한 피하지방이 감소하면서 피부의 탄력이 줄어들고 주름이 생기며, 일명 검버섯이라고 불리는 노인성 자반이 생기기도 한다. 노인의 상징이라고 할 수 있는 흰 머리가 급격하게 늘어나고 모낭이 약해져서 머리털이 빠지는가 하면 치아도 약해지게 된다.

이런 변화는 외적인 데서 그치지 않는다. 젊었을 때는 돌덩이를 삼켜도 끄떡없을 만큼 왕성한 소화력을 자랑했는데 나이가 들고부터는 먹은 걸 소화시키기가 쉽지 않아진다. 이는 위액과 효소분비량이 젊었을 때에 비해 현저히 줄어들기 때문이다. 또한 노인이 되면 잠이 없어져서 60세 이상 노인의 경우 평균 5~6시간 정도를 잔다고 한다. 그리고 치매와 고혈압, 협심증, 뇌혈관 질환, 백내장 등의 노인성 질환으로 건강에 적신호가 켜지기도 한다.

노화가 진행되면서 감각기능 역시 감퇴하기 시작한다. 맛을 보고 냄새를 맡는 감각이 둔화되어 식욕이 떨어지고, 눈이 침침해져서 책이나 신문, TV를 보기가 어려워진다. 청력이 떨어져서 남이 말하는 것을 잘 듣지 못하면 대인관계에 문제가 생기기도 하고, 외부 자극에 대한 반응 속도가 느려져서 자꾸 움츠러들고 매사에 조심스러워진다.

노화와 관련된 경험적인 속설도 있다. 사우나를 마치고 나와서 양말을 신을 때 서서 신으면 30대, 앉아서 신으면 40대라는 말이 있다. 노화로 인해 균형 감각이 무뎌지면 한 발로 서서 균형을 잡고 양말을 신기가 어려워진다고 한다. 또한 피부를 엄지와 집게 손가락으로 5초 정도 꼭 쥐었다 놓을 때 피부가 원래 모습으로 돌아오는 시간이 1초면 20대, 3초면 40대, 10초 이상이면 60대, 30초 이상이면 70대라는 속설도 있다.

나이가 들면 위에서 말한 신체적 변화 외에 심리적인 변화도 겪게 된다. 노인이 되었다고 해서 지능이 떨어지는 것은 아니나, 대뇌의 퇴화로 인해 기억력이 저하되고 집중력이 떨어지다 보면 자연히 학습능력도 저하되기 마련이다. 성격 또한 변화의 조짐이 보이기 시작하는데 기력이 없어지고, 몸이 여기저기 아프고, 배우자와 사별하거나 경제적으로 궁핍해지면서 우울증이 나타나게 된다. 문제 해결에 있어서도 자신의 방법을 고수하려는 경향이 강해지는데, 완고하다거나 고집이 세다는 말을 듣기도 한다. 몸이 약해지면 마음도 약해져서 주변에 기대려는 의존성이 커지고 동시에 조심성이 커진다.

나이가 들면 사회적인 지위와 역할에도 변화가 생긴다. 직장에서 정년을 맞아 퇴직하게 됨으로써 직업인으로서의 역할과 지위를 상실하게 되고 가정 경제를 책임지던 가장으로서의 역할도 축소된다. 자식이 성장하여 독립하거나 결혼을 함으로써 부모 곁을 떠나게 되면 '텅 빈 둥우리 증후군Empty Nest Syndrome'이 찾아오기도 하고, 배우자마저 죽게 되면 크나큰 고통과 외로움에 시달리게 된다. 이처럼 노인이 되어 사회적 지위를 상실하게 되면 스스로에 대한 자긍심과 자존감이 약해지고 결과적으로 삶의 만족도 역시 낮아지게 된다.

노년기에 찾아오는 신체적, 심리적, 사회적인 변화들은 위에서 서술한 바와 같이 얻는 것보다 잃는 것이 많아서 대체로 부정적인 느낌을 갖게 한다. 기력은 날로 쇠해지고, 여기저기 아픈 데가 생기고, 하는 일이 없어져 자신이 비생산적이고 쓸모없이 느껴지는가 하면 애지중지 키운 자식들이 부모 품을 떠나버려 허전해지고 인생무상을 느끼기 쉽다.

그러나 같은 문제도 보는 관점에 따라서 해석이 달라질 수 있다. 신체적인 기능이 떨어지는 것은 그동안 열심히 일했으니 이제 그만 현업에서 물러나 여유롭게 쉬라는 하늘의 뜻일지도 모른다. 노년은 자식들을 키우고 돈을 버느라 그동안 소홀히 했던 자기 자신에게 집중하고 취미생활을 즐길 수 있는 여유로운 시기일 수 있다. 신체적 기능이 떨어지면서 성인병과 노인성 질환이 찾아오는 문제는 날로 발전하는 현대의학의 힘을 빌리면 상당부분 개선될 가능성이 있다.

노인이 되어 겪는 심리적인 변화는 개인 차가 큰 문제라고 할 수 있다. 흔히들 지적하는 노년의 경직성이나 완고함은 단순히 나이 때문이 아니라 개인적인 특성 때문일 수도 있다. 젊은 시절부터 개방적이고 유연한 사고를 가진 사람들은 나이가 들어도 그러한 특성을 유지하며 노년의 변화에 여유롭게 대처한다고 한다. 노년의 심리적인 변화는 자신의 의지로 얼마든지 개선될 수 있는 문제라고 할 수 있다.

사회적인 변화 역시 받아들이기 나름이다. 수십 년을 몸담아온 직장에서 물러났다고 해서 인생이 다 끝난 것처럼 허탈해할 필요는 없다. 퇴직 이후 새로운 직업을 찾아나서거나, 전에 하던 일의 연장선에 있는 다른 일을 적극적으로 찾아볼 필요가 있다. 또한 자원봉사나 동호회 활동을 열심히 함으로써 자아정체감을 높이고 노년의 삶이 고립되지 않게 할 수도 있다.

⚜ 노년기는 가장 중요한 시기, 끝이 좋아야 한다

어떻게 보면 인생에서 가장 중요한 시기이자 영원과 가장 가까이 닿아있는 노년기의 삶은 대체로 두 가지 양상을 보인다. 그 하나는 과거와 환상 속에서 살며 고독과 슬픔 속에 폐쇄된 채 자기 안으로 움츠려 드는 삶이다. 그리고 다른 하나는 자신이 맞이한 자유로운 삶에서 기쁨을 느끼며 새롭게 시작하는 삶이다. 우리는 전자보다는 후자의 삶을 살아가는 노인들에게서 성숙한 삶의 지혜를 발견할 수 있다. 그런데 이러한 삶의 양상은 노년이 되어 갑자기 나타나는 것이 아니다. 노년기의 삶의 양상은 그동안 자신이 살아온 삶의 결과이며 한 개인의 노년기의 삶을 보면 그가 무슨 생각을 하며 어떻게 살아왔는지를 어느 정도 짐작할 수 있다. 왜냐하면 한 개인의 발달은 과거의 누적된 경험으로 이루어지기 때문이다.

에릭슨Erikson은 성격의 발달을 영아기에서 노년기까지 8단계로 구분하였고, 각 단계에는 잘 발달시켜야 하는 긍정적 성격이 있다고 했다. 긍정적인 성격을 발전시키는 데 실패하면 부정적인 성격이 형성되고, 다음 단계의 발달에 좋지 않은 영향을 미치게 된다고 보았다.

에릭슨에 의하면 제8단계인 노년기는 '자아통합 대 절망'의 시기로 이 시기에 긍정적인 자아통합이 이루어지지 않으면 절망의 태도가 형성된다고 한다. 자아통합은 자기의 과거 및 현재의 인생을 돌아보며 나름대로 열심히 잘 살았고, 의미있는 인생이었다고 인정하는 태도를 말한다. 그렇게 되면 다가올 죽음을 받아들이기가 수월해진다. 반면 절망은 자기의 과거나 현재의 삶에 불만을 갖고 후회와 원망이 끊이지 않으며, 죽음에 대한 불안과 초조를 느끼는 태도를 말한다. 노년기의 발달과업은 바로 전 단계인 7단계에 의해 영향을 받으며 7단계의 '생산성 대 침체성(자아탐닉)'이라는 과업해결에 의해 좌우된다고 할 수 있다.

결론적으로 말하면 노년의 삶을 보람있게 보내기 위해서는 젊었을 때부터 노년의 삶을 준비해야 한다. 일할 수 있을 때 열심히 일하고 인생을 낭비하지 않으며 하루하루를 열심히, 치열하게 살아야 만족스러운 노년을 보낼 수 있다. 그렇게 살아온 인생이라면 생각했던 것만큼 크게 성공하지는 못했다 하더라도 후회와 원망으로 가슴을 칠 일은 없을 것이고 비교적 편안한 노후를 맞을 수 있을 것이다.

또한 노년기는 덤으로 주어지는 여분의 시간이 아니며 그 안에서도 열심히 배우고, 적응하고, 노력하며 살아야 한다. 노인이 되었다고 해서 은둔할 것이 아니라 사람들과 어울리며 정치, 경제, 사회, 문화 전반에 대한 최신 동향을 파악하는 것이 좋다. 젊은 세대들과 원만하게 어울리기 위해서는 그들을 충분히 이해하고 세대차를 인정할 줄 알아야 한다. 또한 은퇴 이후의 생활에 필요한 지식과 정보를 찾아보고, 건강이 허락한다면 적극적으로 일하려는 노력이 필요하다. 한창때와 같기만을 바라며 푸념하지 말고 정년 퇴직과 수입감소에 적응할 줄도 알아야 하며 배우자 사망이나 죽음에 대해서도 마음의 준비를 하는 것이 좋다. 동년배와 자주 어울리며 친교를 쌓고 가정이나 사회에서 어른으로 대접받을 수 있도록 노력해야 한다. 그리고 감소하는 체력과 건강에 적응하면서 규칙적으로 운동을 하고 섭생에 힘써야 한다.

노년의 성을 말하다

야다Yada는 히브리어로 섹스를 의미하며 상대를 안다는 뜻이기도 하다.
야다는 창조의 행위로 이것 없이는 자기 완성을 이룰 수 없다.

의학의 발달로 수명이 연장되면서 후반생 40년을 어떻게 살 것인지가 화두가 되고 있다. 길어진 노후를 대비해서 스스로를 부양할 수 있도록 인생 2모작을 시작해야 한다는 목소리가 높은가 하면 나이가 들어서도 새로운 꿈을 꾸고, 또 다른 일에 도전하며 정신을 확장해야 한다는 이들도 있다. 현대 경영학의 아버지 피터 드러커는 60세 이후 30년간이 생애의 최전성기였는데 드러커의 베스트셀러들은 거의 이 시기에 나왔고, 그의 마지막 책도 세상을 뜨기 얼마 전에 출간되었다. "호기심이 없어지는 순간부터 늙는다."라고 말하던 드러커는 생의 마지막 순간까지도 왕성한 지적 호기심을 과시했다.

노년에 잃지 말아야 또 한 가지는 성적 호기심과 열정이다. 성은 신도 막지 못하는 본능이며 삶의 근원적인 에너지로, 이것이 고갈돼 버리면 충실한 삶을 살아갈 수 없다. 성적 호기심을 잃는 순간 노화가 시작된다고 해도 과언이 아니다.

성性이라는 말은 마음心과 몸生이 결합해서 만들어진 글자다. 성性은 인간의 생식기를 중심으로 한 행위의 개념인 섹스sex, 생물학적인 성에 근거하여 사회화의 결과로 형성된 성 역할과 성 정체성을 가리키는 젠더gender, 그리고 성행위는 물론 그와 관련된 욕망, 환상, 감정, 태도 등을 포괄하는 의미의 섹슈얼리티sexuality, 이 세 가지 개념이 통합된 것이다. 남녀의 신체적인 차이와 성행위는 물론, 거기서 더 나아가 사람들의 가치관과 태도, 감정, 신념 등 심리적이고 문화적인 측면까지를 모두 포함하는 개념인 성은 신체에 의한 자기 표출이며 인간과 인간의 다양한 교류 혹은 관계행위이다.

모든 인간은 성에 대한 본능적인 욕구를 가지고 태어난다. 성적인 욕구를 통해 종족보존의 의무를 수행하는 것은 물론, 자신을 성장시키고 자아실현을 하도록 동기유발을 하며 타인과의 관계를 통해 자아정체성을 확인한다. 또한 인간의 성은 한정된 자기 생활이나 공간을 뛰어넘는 어떤 것이고 자신의 존재가능성에 대한 도전이며 죽음의 불안을 넘어서는 희열이기도 하다.

그렇다면 인간의 성은 언제까지 지속되는 것일까? 혹은 언제 끝이 나는 것일까? 사람이 나이가 들면 다른 신체기능과 마찬가지로 성기능과 성적 반응도 변화를 겪는 것이 사실이며 이는 자연의 섭리로서 자연스러운 일이다. 성적 활동은 신체적인 요인이 전부가 아니며 심리적·정신적·사회적 요인에도 영향을 받기 때문에 노인이 되었다고 해서 반드시 성적 능력이나 욕구가 소실된다고 단정할 수는 없다. 다만 노화의 결과로 이전에 비해 성적 능력이나 욕구가 감소될 뿐이다. 이는 노안老眼으로 돋보기가 필요하다고 해서 시력을 완전히 잃었다고 볼 수 없는 것과 마찬가지다. 나이가 들어도 이성에 대한 관심과 로맨스에 대한 열망, 그리고 성적인 욕구는 사라지지 않는다.

⚜ 여성의 갱년기

여성에서 대부분의 성적인 변화는 여성호르몬인 에스트로겐이 감소하는 폐경과 직접적으로 관련되어 있다. 여성이 나이가 들면서 난소가 노화되어 기능이 떨어지면 배란 및 여성호르몬의 생산이 더 이상 이루어지지 않는데, 이로 인해 나타나는 현상이 바로 폐경이다. 대개 1년간 생리가 없을 때 폐경으로 진단하는데 폐경이 되는 평균 연령은 49~51세 정도다. 이러한 변화는 대개 40대 중후반에서 시작되어 점진적으로 진행된다. 이때부터 생리가 완전히 없어지며 폐경이 나타난 이후의 약 1년까지를 폐경이행기, 더 흔히는 갱년기라고 하는데 그 기간은 평균 4~7년 정도이다.

폐경으로 여성호르몬인 에스트로겐 분비가 감소하면 가장 눈에 띄는 변화는 월경이 멎는 것이다. 얼굴이 수시로 달아오르는 안면홍조, 두통, 피로감, 우울증, 불안감, 불면증 또한 이 시기에 찾아온다. 비뇨

생식기에도 변화가 오는데 폐경 이후로 질벽이 얇아지면서 질염에 취약해지고 질내 윤활액의 분비가 줄어들어 성교통을 유발하기도 한다. 또 요도점막이 위축되고 방광의 적응력이 감소하며, 골반근육이 약화되므로 요도염이나 방광염이 잦아지고 결국 요실금이 생기기도 한다. 이처럼 배뇨장애와 성교통이 있으면 여성들이 성관계를 할 때 불안한 마음을 갖게 되고, 여성호르몬은 물론 남성호르몬도 감소해 성욕 자체가 줄어들면 성생활을 꺼리게 된다. 더구나 폐경이 되면 우울증을 동반하는 경우가 많아 성생활에 큰 장애가 된다. 그리고 뼈가 약해지면서 골다공증이 급속히 진행되어 골절을 입기가 쉬워진다.

이러한 폐경기 증상을 미리 예방할 수는 방법이 아직까지는 없다. 폐경기 증후군을 겪는 여성들 가운데 증상을 완화시키기 위해 병원을 찾는 사람은 약 20~30% 정도라고 한다. 폐경은 병이 아니므로 본인의 증상이 병원을 찾을 만큼 심한 것은 아니라고 생각하는 여성들이 많다. 혹은 폐경기 증상을 완화할 수 있는 의료적 도움에 대해서 모르거나 의료서비스를 받을 형편이 못 되는 이들도 꽤 많다. 다음에 소개하는 인터뷰 사례는 폐경기를 그냥 방치하지 않고 적극적으로 대처한 두 여성의 이야기다.

> 66 폐경이 된 후로 좀처럼 잠을 잘 수가 없었어요. 잠이 들었다가도 새벽 3시쯤 깨는 일이 잦았는데 그럴 때마다 온몸이 땀에 흠뻑 젖어 있더라구요. 다시 자려고 누워서 뒤척이다가 도무지 잠이 안 오면 일어나서 책이나 TV를 보기도 하고, 우유를 따뜻하게 데워서 마시기도 했죠. 하지만 별 도움이 안 됐어요. 그러다

보니 수면부족으로 늘 피곤하고, 머리가 무겁고, 조그만 일에도 예민해지고, 우울해졌어요. 이대로는 도저히 안 되겠다 싶어서 결국 산부인과를 찾아갔죠. 그런데 병원에서 단기간 에스트로겐 보충치료를 받은 후에 증상들이 많이 나아지는 거에요. 수시로 얼굴이 붉어지는 것도 나아지고, 불면증도 좋아진 것 같아요. 그래서 앞으로도 계속 호르몬을 처방을 받을까 생각하고 있어요. 99

_서울 노원구 상계동에 사는 이 모 씨(53세)

66 남들은 폐경이 되면 얼굴이 화끈거리고, 건망증이 심해져서 깜빡깜빡하고, 불면증도 생긴다는데 저는 별다른 증상이 없더라구요. 오히려 폐경이 되면서 생리가 멎으니까 몸도 마음도 홀가분해졌어요. 처녀적부터 생리통이 워낙 심한데다 아이를 낳은 후에도 별로 좋아지지가 않았었는데, 생리통에서 해방되니까 살 것 같더라구요. 그리고 아이가 셋이나 있어서 남편하고 잠자리를 할 때마다 은근히 임신 걱정을 했었는데 이젠 그럴 일이 없게 됐어요. 다만 한 가지 아쉬운 게 있다면 부부관계를 할 때 질이 건조해져서 좀 곤란하다는 거죠. 그래서 이런저런 핑계를 대며 잠자리를 피했더니 어느 날 남편이 러브젤을 사와서는 내 손에 꼭 쥐어주더라구요. 덕분에 지금은 뒤늦게 신혼이 온 것처럼 잘 지내고 있어요. 99

_부산 해운대구 재송동에 사는 한 모 씨(52세)

폐경기에 찾아오는 증상 중에 안면홍조는 시간이 지남에 따라 자연히 가라앉는 경우도 있다. 그러나 일단 증상이 생겨 생활에 지장을 주고 삶의 질이 크게 떨어지는 경우라면 다양한 의학적, 혹은 비의학적 치료법들의 도움을 받는 것이 좋다. 폐경기 여성의 25% 정도는 치료를 받지 않는다면 중년기 이후 삶의 질이 크게 훼손될 만큼 심각한 증상들을 가지고 있을 것으로 추정된다.

⚜ 폐경은 성의 마침표가 아니다

폐경이 되어 여성호르몬이 감소하게 되면 성욕이 감퇴하며 질이 건조해지고 질벽이 얇아져서 섹스를 할 때 성교통을 유발하게 된다. 또한 섹스 시 삽입으로 인해 쉽게 상처를 입거나, 염증이 생기기도 하고, 성병 등의 질환에 취약해질 수 있다. 그리고 폐경으로 여성호르몬이 감소하면서 살이 찌고 피부가 탄력을 잃으며 처지게 되면, 파트너에게 매력적으로 비춰질 수 있다는 자신감도 급격하게 줄어든다. 이 시기의 여성들은 신체적인 변화와 건강에 대한 걱정 때문에 심리적으로 위축되기 쉽고, 여성성의 상징인 월경이 끝남으로써 여자로서도 끝난 것이라는 자괴감에 시달리기도 한다.

그래서 일부 여성단체에서는 폐경이라는 말 대신 '완경'이라는 말을 쓰자고 주장한다. 여성 고유의 임무를 다했다는 의미에서 '완경'이라는 단어를 사용함으로써 부정적인 생각을 떨치고 심리적인 안정을 찾자는 의도일 것이다. 폐경은 여성호르몬의 결핍으로 인한 질병이 아니라 초경과 같이 여성의 삶에서 나타나는 자연스러운 현상으로, 이 시기를 지나고 나면 다시 호르몬의 균형이 생기고 자신의 내면적 가치를 새롭게 발견하는 기회가 될 수 있다. 출산과 육아와 가사노동에 시달리며 남편 뒷바라지를 하고 시부모 봉양을 하면서, 혹은 이 모든 것을 직장생활과 병행하며 수퍼우먼으로서 고단한 삶을 살아온 여성들에게 완경은 휴식과 해방을 의미할 수 있다. 그동안 가족들을 챙기느라 소홀히 한 자신을 돌아보며 제 2의 삶을 살아야 할 새 출발의 시기이기도 하다. 유럽의 중세 민족인 켈트족은 젊은 여성을 꽃에, 어머니는 과일에, 나이 든 여성은 씨앗에 비유하면서 폐경기가 몸이 허약해지는 과정이 아니라 여성으로서 새로운 힘을 갖는 시기로 보았다고 한다.

폐경은 성의 마침표를 의미하지 않는다. 여성호르몬 소실로 인한 폐경기의 몇 가지 변화를 제외하면 노화에 따른 정상적인 신체 변화가 여성의 성적 능력을 크게 약화시키지는 않는다. 성욕이 줄어들고 성교통이 생기는 등의 부정적인 변화들은 질 윤활제를 사용하는 방법으로 극복할 수 있을 것이고, 호르몬 대체요법을 받게 되면 질이 다시 탄력을 찾고 분비물이 증가하며 성욕이 돌아오는 적극적인 효과를 볼 수도 있다. 아직 논쟁 중이긴 하지만 규칙적인 성교가 성기능을 보존하고 질 윤활능력을 유지시키며 에스트로겐 생성을 자극하는 데 큰 도움이 된다는 근거들이 있다. 성적으로 활발한 여성은 질의 위축이 덜 일어나고, 성행위와 오르가즘 동안의 규칙적인 근 수축이 질 근육의 긴장도를 유지시키며 질의 모양이나 크기를 유지하는 데 도움이 될 수 있다. 또한 폐경이 되면 원치 않는 임신에 대한 두려움에서 해방되기 때문에 더욱더 홀가분하게 성생활을 즐길 수가 있다.

생물학적으로 봤을 때 여성의 성욕은 남자에 비해 노화로 인한 타격이 적다고 한다. 성 보고서로 유명한 킨제이Kinsey는 "일생에 걸쳐 여성이 남성보다 성적 안정성이 더 크다."라고 주장한 바 있다. 폐경이 되면 여성의 성욕이 저하된다는 것도 모든 여성 노인에게 일반화할 수 없는 주장이며 여성 노인이 오르가즘을 느끼지 못할 것이라는 것도 억측에 불과하다. 실제로 나이를 먹을수록 오르가즘을 느끼는 비율이 높아지는 여성들이 있는데 이는 오랜 성생활 경험이 쌓이면서 젊은 여성에 비해 성에 더욱 민감해지기 때문이다.

폐경기를 맞음으로써 성이 끝났다고 느끼게 만드는 데는 신체적인 혹은 심리적인 변화 외에 사회적인 편견도 한몫을 한다. 그러한 편견은 가부장적 가치관과 합해져서 남성 노인이 성을 밝히면 노익장이라고 추켜 세우지만, 여성 노인이 성적 관심을 보이면 점잖치 못하고 추하다고 매도한다. 여성 노인의 성에 가해지는 이러한 편견과 억압이 해소되고 그들이 죄의식없이 당당하게 성생활을 즐길 수 있는 날이 하루빨리 오기를 바란다.

⚜ 남성의 갱년기

여성의 폐경이나 에스트로겐 호르몬의 감소에 견줄만한 신체적 혹은 정신적인 변화를 남성들도 경험할까? 흔히 남성 갱년기라고 불리는 남성 폐경은 미국의 심리 치료사이며 남성건강센터 맨얼라이브Men Alive의 운영자이고 《남성의 폐경》의 저자인 제드 다이아몬드에 의해 처음으로 명명되었다. "남성에게는 여성의 월경과 같은 주기적인 생리 현상은 없지만 단순히 신체적 위기 이상의 것을 아우른다는 의미에서 '남성 폐경' 이라는 말을 붙였다."라고 다이아몬드는 말했다.

중년 남성의 삶의 전환기인 폐경은 40~55세 사이에 찾아오는데 여성의 경우처럼 급격하게 호르몬이 감소하지는 않지만 분명히 찾아온다. 남성 호르몬인 테스토스테론은 사춘기 때 목소리를 변화시키고,

치모를 자라게 하며, 성기를 발달시키는 역할을 하는데 남성의 성 기능을 비롯해 활력, 근력, 심혈관, 근육, 뼈, 기분에 이르기까지 온몸에 영향이 안 미치는 곳이 없을 정도로 남성에게는 매우 중요한 호르몬이다. 나이가 들면서 이 호르몬이 점진적으로 감소하는데 대체로 30세 이후 테스토스테론 혈중 농도가 매년 1% 정도 서서히 감소해서 약 70세가 되면 테스토스테론이 50%나 줄어들게 된다. 그런데 테스토스테론의 감소는 실제로 개인별로 차이가 커서 일부 노인 남성들은 젊은이들과 동일한 테스토스테론 농도를 보이는 경우도 있다.

여성의 경우와 같이 뚜렷한 폐경 증상을 겪지는 않지만 남성 역시 갱년기가 되면 수년간에 걸쳐 호르몬의 변화를 경험한다. 일단 성욕이 떨어지고, 새벽에 발기가 되는 횟수가 줄어들며 약간의 스트레스나 음주에도 발기가 잘 되지 않는 발기장애가 나타나기도 하는데 이로 인해 성적으로 실패할지 모른다는 두려움이 생긴다. 호르몬 감소가 좀 더 진행되면 만성피로를 느끼고, 여성의 갱년기 증상과 비슷하게 얼굴이 달아오르는 안면 홍조를 경험하기도 하며 식은땀을 흘리고 손발이 저리기도 한다. 사람에 따라 테스토스테론이 줄어도 아무 변화나 증상이 나타나지 않을 수도 있지만 불면증, 우울증, 불안, 짜증, 육체 피로, 체중 증가, 복부 비만 등이 나타나기도 한다.

남성들이 갱년기에 겪는 이러한 변화들은 사회적인 혹은 심리적인 요인에도 영향을 받는다. 자식의 유학이나 결혼 문제로 목돈을 지출해야 할 일이 많은 이 시기에 조기 퇴직이나 정년 퇴직을 하게 된 남자들은 사회적 역할과 지위를 상실하게 됨으로써 마음이 무겁고 이런저런 걱정이 많아진다. 아직 현업에서 일을 한다고 해도 곧 다가올 퇴직과 은퇴는 상당한 부담으로 작용한다. 그런 가운데 갱년기를 맞게 되면 남자들은 언제 폭발할지 모르는 시한폭탄처럼 위험한 존재가 될 수도 있다. 주로 자기 자신을 탓하는 여자들과 달리 남자들은 아내나 직장 상사, 사회나 정부 등 외적인 요인에 책임을 돌리며 사소한 일에 짜증을 내고 분노를 폭발시킨다. 그런데 폐경기 남자들의 이러한 짜증과 분노 뒤에는 신체적 힘과 성적 능력, 건강, 경쟁력을 잃어가는 데 대한 상실감이 숨겨져 있다.

남자들의 이러한 상실감은 종종 늦바람으로 이어지기도 한다. 갱년기 남성들에게서 흔히 볼 수 있는 젊은 여자에 대한 집착은 단순히 성욕 때문만은 아니다. 남자들은 한창때인 자신의 젊은 날을 그리워하며 자신이 여전히 존중받고 사랑받는 존재임을 확인하고 싶어한다. 그런데 아내는 나이를 먹을수록 드세져서 입만 열었다 하면 돈타령이고, 위로는커녕 바가지나 안 긁으면 다행이다. 그래서 남자들은 자신의 연륜과 경험을 높게 평가하고 존중해주는 젊은 여자들과의 로맨스를 꿈꾸게 되는데, 경우에 따라서는 이를 실행에 옮기기도 한다.

여자들은 폐경을 인정할 수밖에 없어 어느 정도 시간이 지나면 편안해지지만, 남자들은 그렇지가 않다. 남에게 약한 모습을 보이기 싫어하는 성격 탓에 자신의 폐경을 인정하거나 공개하려 하지 않아 오히려 더 고통스러운 경우가 많다.

갱년기를 슬기롭게 극복하기 위해서는 먼저 자신이 인생의 중요한 전환기에 도달했음을 인정해야 한다. 그리고 '남자'라는 허상에 매달려 스스로를 괴롭히고 고립시키기보다는 사랑하는 아내와 가족, 친구들과 터놓고 대화하며 마음을 열어야 한다. 또한 남성 폐경기의 증상을 자연스러운 노화로 받아들이고 방치할 것이 아니라, 적극적으로 치료해 인생의 후반기를 만족스럽고 활기차게 보내야 한다. 최근 테스토스테론이 남성들의 폐경기 장애 극복에 도움을 준다는 연구 결과가 발표되면서 2, 3주마다 한 번씩 주사를 맞는 주사제, 먹는 약, 신체 부위에 붙일 수 있는 패치, 피부에 바르는 겔 제제 등 다양한 호르몬 요법이 각광받고 있다. 올바른 식습관과 적당한 운동, 금연과 금주, 스트레스 조절 역시 폐경기 남성을 위한 중요한 처방이다.

♣ 고개 숙인 남자들

　남성들에게 사망선고는 심장 박동이 멎은 것이 아니라 성욕이 사라진 것이라고 말해도 과언이 아니다. 남성은 자신의 존재가치를 성기로 입증하려는 경향이 강하다. 길거리에서 매력적인 아가씨만 보아도 민망하게 반응하던 성기가 어느날 갑자기 시원찮은 반응을 보일 때, 잠자리에 들기 전 아내가 샤워하는 물소리만 들어도 가슴이 꽉 막혀서 잠든 척할 때, 남성들이 겪는 심리적인 좌절감은 상당하다. 다음은 50대 중반의 남성이 털어놓은 경험담이다.

> 저는 몇 년 전에 아내와 이혼을 하고 죽 혼자 지내고 있었습니다. 그런데 얼마 전에 광주에 출장을 가서 15년 전에 잠깐 사귀었던 여자를 다시 만났게 됐어요. 아직도 서로 끌리는 마

음이 있어서 데이트를 하게 됐죠. 전망이 좋은 레스토랑에 가서 저녁을 먹고 와인을 마신 다음 호텔에 들어갔어요. 그런데 한참 달아올라서 섹스를 하려는데 발기가 잘 되지 않는 겁니다. 술 때문에 그런가 보다고 둘러대서 겨우 위기를 넘겼지만 문제는 그 후에 또 그런 문제가 생겼다는 겁니다. 결국 상대 여자는 자기가 충분히 매력적이지 않아서 그렇다고 생각했는지, 아니면 제게 실망해서인지 만나자고 할 때마다 은근히 저를 피하더군요. 그 후로 심리적으로 위축이 돼서 여자를 만나기가 겁이 나고 살 맛도 안 납니다. ❞

_충남 천안시에 사는 김 모 씨(54세)

남성들은 나이에 따른 정상적인 성의 변화를 충분히 이해하지 못하기 때문에 갱년기를 겪으며 성욕이 저하되고 발기부전이 생기면 남성으로서 불능이 된 거라고 오해하는 경우가 많다. 정신과 의사들은 성심리학적인 관점에서 50대 이상의 남성들은 우리 문화의 그릇된 관념을 받아들여 스스로 성적인 손상을 입은 것으로 간주하고 있다고 말한다.

일반적으로 나이 든 남성들은 젊은이들보다 발기하는 데 시간이 오래 걸리며, 발기 상태도 이전처럼 크고 단단하지 않을 수 있다.

그러나 노화 자체가 단독으로 성적인 손상을 일으키지는 않는다. 발기부전은 남녀가 서로 만족스러운 성관계를 할 수 있을 만큼 발기가 충분하지 않거나 사정까지 유지되지 못하는 것을 말한다. 정상적인 성생활 조건에서 4번 시도하여 1번 이상 성교에 실패했을 경우 발기부전을 의심할 수 있으며 20세 이상 성인 남성의 10% 정도가 발기부전인 것으로 추정된다. 발기부전의 원인은 심리적인 것일 수도 있고, 신체적인 것일 수도 있지만 대개의 경우 치료가 가능하며 발기부전과 불능은 전혀 다른 문제이므로 혼동하지 말아야 한다. 또한 발기의 빈도와 발기를 유지하는 시간은 사람마다 달라 어떤 사람에게는 정상적인 발기라도 다른 사람에겐 비정상적일 수 있다. 이러한 개인적인 차이는 몇 년에 걸쳐 지속되고 개인마다 독특한 형태로 나타난다. 그러므로 현재의 상태를 과거와 비교하여 해석해야지 다른 사람과 비교하거나 표준화된 형태로서 일반화시켜서는 안 된다.

삶의 질은 성생활에 달렸고, 특히 남성들에게 있어 성생활의 만족도는 발기에 달렸다. 아무리 아니라고 부정해도 모든 통계결과가 이를 가리킨다. 2005년 서울에서 열린 '국제 남성과학회 학술대회'에서 바이엘이 발표한 연구결과에 따르면, 한국 남성 2,000명을 대상으로 한 조사에서 발기부전 환자의 31%가 '성생활이 삶의 만족도에 부정적 영향을 미치는 주요 요인'이라고 답해 건강(25%), 직장생활(19%)을 앞섰다.

대한남성과학회가 실시한 발기부전 역학조사에서도 비슷한 결과가 나왔다. 조사대상 발기부전 환자의 39.9%가 "삶이 불만족스럽다."라고 대답해 정상인(20.8%)의 2배에 달했다. 이쯤 되면 발기가 성생활의 전부는 아니라거나 애무에서 즐거움을 찾으라는 조언이 무용지물이 되며 도리어 발기부전으로 고민하는 남자들을 모욕하는 결과를 낳을 수도 있다.

발기부전은 남성에게 심리적인 위축을 가져오기도 한다. 이는 발기부전 환자 대부분의 치료 목적이 '남자로서 자신감을 회복하기 위해서 (51%)'를 꼽은 것에서 극명하게 드러난다. 발기부전 환자의 80%가 수치심 때문에 아내와 상의하지 않는 것으로 나타났고, 57%는 발기부전 치료제를 복용하고 있다는 사실을 배우자에게 숨기고 있다고 한다.

이는 많은 남성들이 발기의 문제를 자신의 자아정체성에 대한 긍정이나 삶을 지탱하는 토대로 생각한다는 것을 말해준다. 따라서 발기부전 증상이 생기면 자존심에 상처를 입게 되어 남들이 모르게 숨기려고만 한다. 또는 발기부전 증상 자체를 회피하거나 일시적인 것으로 여기는 경향이 있는데, 이 때문에 많은 남성들이 적절한 치료 시기를 놓치기도 한다. 이런 경우 문제를 숨기거나 인정하지 않는데 급급하지 말고, 너무 늦기 전에 병원을 찾아가라고 권하고 싶다. 노인성 발기부전의 치료는 개인별 편차와 특성에 따라 다양한 치료법이 존재하는데 간단하게 비아그라만 복용하여 해결할 수도 있고, 자가주사요법이나 음경보형물 삽입 등의 방법도 있다.

일반적으로 남성은 나이가 들어도 발기능력과 사정능력을 잃지 않으며 정신적 혹은 육체적인 문제로 발생하는 발기 장애들은 대부분 치료가 가능하다. 최근의 한 연구에 따르면 건강한 남성의 경우 성생활에 대한 관심이나 욕구가 나이가 듦에 따라 경미할 정도로만 감소하는 것으로 나타났다. 게다가 발기력의 감소나 사정의 빈도가 줄어드는 것을 경험하는 사람에게도 성적인 욕구는 필연적으로 감소하지 않았다.

⚜ 아직 불이 꺼지지 않았다

현대사회의 노년의 성에 대한 부정적인 시각은 중세시대에 지배적이었던 기독교의 금욕사상에서 절대적인 영향을 받았다고 볼 수 있다. 성행위는 오로지 자녀의 출산을 위해서만 필요한 것으로 간주되었기 때문에 임신이 불가능한 노인들의 성생활은 자연에 대한 죄악으로 여겼고 부정적인 태도로 일관했다. 14세기경 유럽을 강타한 흑사병의 원인이 인간들의 지나친 성욕에 대한 신의 저주라는 생각에 노인은 물론 젊은 사람들의 성생활까지도 부정적으로 보았다고 한다. 우리나라의 경우는 유교적 문화의 영향 탓에 노인의 성을 부도덕하고 망측스러운 것으로 생각해왔다. 특히 노인은 효의 대상이기 때문에 그들의 성에 대하여 언급하는 것이 금기시되었다.

그러나 현대 사회에서 성은 종족보존을 위한 생식적 기능에 그치지 않는다. 쾌락을 추구하고 자기정체성을 확인하는 측면이 강조되고 있으며 이를 뒷받침하는 각종 성 담론이 활발하게 쏟아져 나오고 있다. 노인의 성을 바라보는 일반 대중의 부정적 시각에도 불구하고 노인들 대부분은 노년기의 성을 중요하게 생각하고 있으며 성에 대해 긍정적인 태도를 취하고 있다. 그리고 배우자의 유무에 관계없이 성에 대한 욕구가 강하다.

2008년 복지부의 노인실태조사에 따르면 65세 이상 노년층 가운데 50.3%가 성생활을 하고 있다고 응답했고, 7080세대조차도 노인들에게 성이 중요하다고 말했다. 현대인의 성생활 실태를 적나라하게 파헤

처 원자폭탄에 비유될 정도로 엄청난 센세이션을 일으켰던, 그 유명한 '킨제이 보고서'에 따르면 많은 남성 노인들이 나이 들어서도 성적 활동을 지속하고 있다고 한다. 60세에 95%, 70세에 70%가 성적 활동을 하고 있고, 70세 이상의 경우에도 미약하지만 역시 성적활동을 하고 있다고 한다. 또한 정신적인 애정 감정도 60세를 전후하여 U자형으로 회귀해서 10대의 순수한 경지로까지 회복한다고 하였다. 다음의 인터뷰 사례는 노인들도 엄연히 성적 욕구를 가지고 있음을 여실히 보여준다.

> 새벽마다 그게 발기가 돼서 미치겠어. 밤에도 자꾸만 생각나고. 아파서 거동도 잘 못하는 마누라한테 달래달라고 할 수도 없고 한숨만 나오지. 그래서 야한 영화나 동영상을 보면서 그냥 혼자 해결해. 그런 내가 안쓰러웠는지 마누라가 밖에 나가서 다른 여자를 만나보라고 하더군. 마누라한테 미안하긴 하지만 사실 나도 상대가 있었으면 좋겠어. 그럼 일주일에 한 번은 거뜬히 할 것 같아.

_전북 전주시에 사는 정 모 씨(70세)

> 텔레비전이나 영화에서 젊은 배우들이 나와서 연애하고 정사를 나누는 걸 보면 나도 저러고 살아야 하는데 하는 생각이 들어. 날 이렇게 혼자 두고 먼저 세상을 뜬 바깥 양반이 원망스러워지지. 옆집 사는 할망구는 툭하면 나를 붙들고 남편 흉을 보는데, 그래도 남편이 있다는 게 어디야. 나야 그저 부러울 뿐이지.

_서울 강서구 화곡동에 사는 최 모 씨(68세)

나이가 들면 남성의 경우는 성욕감소와 발기부전을, 여성은 폐경을 성적 자아를 상실하는 시점으로 받아들이게 된다. 본인은 그렇게 받아들이지 않는다고 하더라도 주위 사람들이 그렇게 만든다. 그러나 나이가 들어도 성에 대한 관심과 욕구는 여전하며 노화로 인한 성적 변화나 기능의 감소쯤은 의학의 힘을 빌려서 해결할 수도 있는 시대에 우리가 살고 있다. 성의 정년이라는 울타리에 갇혀서 욕망을 안으로 삭이며 숨죽여 지내기보다는 생을 마감하는 그 날까지 남성으로서, 혹은 여성으로서 성의 즐거움을 당당하게 만끽할 수 있어야 한다.

우리나라 남자들은 이럴 때 두려워진다!

10대 - 성적표를 받아들 때
20대 - 군입대를 하라며 영장이 날아올 때
30대 - 매월 카드대금 청구서가 도착할 때
40대 - 침대에 들려는데 아내가 신호를 보내며 욕실에 들어가 사워할 때
50대 - 아내가 곰국을 끓일 때(이번엔 또 어디로 놀러가시려나? 곰국의 양을 보니 이번엔 5박 6일이군.)
60대 - 아내가 갑자기 이사가자고 할 때(혹시 버리고 갈까봐 아내가 제일 아끼는 물건을 꼭 쥐고 놓지 않는다.)

고령화 사회가 온다

시간의 걸음걸이에는 세 가지가 있다. 미래는 주저하면서 다가오고,
현재는 화살처럼 날아가고, 과거는 영원히 정지하고 있다.

고령화 사회는 총 인구 중에 65세 이상 인구가 차지하는 비율이 7% 이상인 사회를 말한다. 유엔은 다가오는 2050년에는 전 세계에서 60세 이상 노인 인구가 지금보다 3배 늘어나 20억 명에 달할 것으로 전망하며 수명 연장과 출산율 감소로 지구촌의 고령화가 빠르게 진행되고 있다고 발표했다.

인류는 '제1의 물결'인 농업혁명을 통해 수렵생활을 마감하고 정착해 살면서 문명을 발달시켰다. 농경사회는 노동이 주된 생산 요소였고 핏줄에 의해 계급이 결정되는 사회였다. 그 후 '제2의 물결'인 산업혁명을 거치면서 대량 생산과 소비가 가능해졌고, 기술과 자본을 가진 자가 권력을 갖는 자본주의가 꽃을 피우게 되었다. 그 다음이 '제3의 물결'이라 불리는 현재의 지식정보화 시대다. 과거 산업화 시대의 유물인 수직적 조직형태로부터 네트워크형, 수평적, 분권화된 조직형태로 옮겨가고 있는 정보화 시대는 더 나은 정보와 지식을 가진 자가 부와 권력을 누리게 되어 있다. 정보화 시대는 앞으로도 몇십 년 지속될 것이며 머지않아 '제4의 물결'인 바이오 혁명이 일어나 인류가 보다 젊고 건강하게 장수하는 고령화 사회가 도래할 것이다.

고령화 추세에 동참한 우리나라는 세계에서 가장 빨리 늙어가는 나라가 되고 있다. 이미 지난 2000년에 고령화 사회로 진입했고, 2007년 노인 인구의 비율이 9.8%에 달하며 2026년에는 20.8%로 늘어나 초고령 사회가 될 것이라고 한다. 출산율이 떨어지고 노인 인구가 많아지게 되면 그들을 부양해야 할 젊은 세대의 부담이 가중할 것이며 사회의 여러 부분에 걸쳐 엄청난 지각변동이 일어날지도 모른다.

빠르게 변화하는 21세기 지식정보화 사회에서는 38선, 45정, 56도라는 말이 나올 만큼 정년이 앞당겨졌다. 거기에 수명 연장으로 전반기 인생보다 후반기 인생이 길어지고 있다. 이렇게 인생 후반이 길어진 상태에서 은퇴 후 아무 소득이 없이 지내게 되면 기본적인 생활비는 물론 급격하게 늘어나는 의료비를 감당할 수 없어 노후생활에 큰 어려움이 닥칠 수 있다.

인류가 한 번도 경험해보지 못한 미지의 신세계, 초고령 사회는 사회보장제도가 발달된 유럽의 국가들조차도 긴장하게 만들고 있다. 빠른 퇴직, 긴 노후의 인생 2막에서는 요람에서 무덤까지 철저하게 준비된 자만이 편안한 노후를 누릴 수 있을 것이며 고령화 사회를 위한 대

책은 개인적인 문제를 넘어서 국가와 미래 사회를 결정짓는 중요한 핵심과제로 떠오르고 있다.

⚜ 평균수명 100세 시대를 향하여

고대 그리스 시대에는 인간의 평균 수명이 30세 정도에 불과했고, 고대 로마 시대에도 40세 전후라고 알려져 있다. 우리나라의 경우를 봐도 조선시대 임금들은 환갑을 넘기기가 쉽지 않았는데 연산군과 광해군을 제외한 조선 임금 25명의 평균수명은 46세에 불과했으며 83세까지 살았던 영조를 포함해 60세를 넘긴 이는 불과 5명뿐이었다.

그러나 과학과 의학의 눈부신 발전은 인간의 수명을 획기적으로 연장시켰다. 2008년에 세계보건기구가 발표한 통계조사 결과를 보면 한국인의 평균 수명은 여성이 82세, 남성 75세로 평균 78.5세를 산다. 평균수명을 시대별로 구분해 보면 2003년 75.5세에서 2004년에는 77세, 그리고 2007년에는 78.5세로, 해를 거듭할수록 늘어나고 있다.

대부분의 사람들이 60세를 넘겨서 살기 때문에 우리 주변에서 환갑잔치가 사라진 지 오래이며 요즘 들어서는 칠순잔치조차도 생략하는 사람들이 있다. 이제 은퇴 후 30년은 선택이 아니라 필수인 시대가 되었다. 하지만 인간의 생명 연장은 여기에서 멈추지 않을 것이다. 향후 20년 내에 현재 인류를 괴롭히는 각종 질병을 극복할 수 있는 획기적인 치료법과 노화 예방법을 발견해 머지않아 평균 수명이 100세로 늘어날 것이라고 의학계는 예견한다.

세계에서 지금까지 가장 오래 산 사람은 지난 1997년 세상을 떠난 프랑스의 잔 칼맹 할머니로 사망 당시 그녀의 나이는 122세였다. 그녀는 자신의 유일한 손자보다도 무려 34년을 더 살았다고 한다. 우리나라에서 최고령자는 1884년 9월 9일생인 최남이 할머니로 118세이고, 남자 최고령자는 116세의 손영만 할아버지다.

하지만 앞으로는 이렇게 100세를 넘긴 노인들의 발자취를 일일이 기록하는 것이 힘든 일이 될지도 모른다. 이미 100세 이상 노인 인구가 전 세계적으로 34만 명에 달하며, 2050년이면 600만 명에 이를 것이라고 한다. 그렇게 되면 100세 클럽이 흔하디 흔한 시대가 올지도 모른다.

미국의 인구통계청에 따르면 세계에서 100세 인구가 가장 많은 곳은 미국과 일본이다. 특히 생선과 쌀로 구성된 저칼로리 식단으로 유명한 일본은 2050년에 100세 이상의 노인이 전체 인구의 1%에 달할 것으로 예상된다. 이탈리아, 그리스, 싱가포르도 온화한 기후 덕에 100세 인구가 크게 늘어날 것으로 예상된다.

전문가들은 100세 클럽이 붐비는 것은 동시에 사회적 비용의 상승을 의미한다고 말한다. 국제장수센터의 로버트 버틀러 소장은 건강한 100세 노인은 문제가 없지만 그렇지 못한 이들은 고비용을 초래할 것이므로 은퇴의 효용성과 운전·의료보험 보장의 연령 제한에 대한 정부의 재평가가 이루어져야 한다고 주장한다.

⚜ 시니어 르네상스의 도래

2차 세계대전이 끝난 1946년 이후부터 1965년 사이에 출생한 사람들을 '베이비 부머Baby Boomer'라고 한다. 2차 세계대전 기간 동안 떨어져 있던 부부들이 전쟁이 끝나자 다시 만나고, 미루어졌던 결혼이 한꺼번에 이뤄진 덕분에 생겨난 이들 베이비붐 세대는 이전 세대와는 달리 성 해방과 반전운동, 히피 문화, 록음악 등 다양한 사회·문화운동을 주도해 왔다. 베이비 부머 이전의 고령자 세대는 근검절약하고, 소박한 것을 추구하며 보수적이고 다소 비관적인 인생관을 갖고 있었다. 이에 반해 베이비 부머 고령자들은 합리적이고 미래지향적인 성향이 강하며 남은 인생을 여유롭게 즐기고자 하는 욕구가 왕성할 뿐 아니라, 이를 실행에 옮길 재정적 능력 또한 갖추고 있다. 베이비 부머는 수적으로도 적지 않으며 현재 전체 인구의 약 38%를 차지한다. 이들이 본격적으로 은퇴를 시작하는 2010년부터 20여 년간 1800만 명에 이르는 거대 소비집단으로 부상할 것이라는 예측이 있다.

한국의 베이비붐 세대는 이른바 '58년 개띠'로 대변된다. 한국 전쟁 이후 급격한 출산붐이 일었는데 1955년부터 산아제한 정책이 도입되기 직전인 1963년까지 9년에 걸쳐 태어난 베이비 부머들은 대략 712만 명에 달하는 거대한 인구집단이다. 이들은 산업화와 민주화, 외환위기 등 격변의 세월을 겪으며 한국 현대사를 함께 한 우리 사회의 주역이었고, 소비와 생산의 주도 세력이었으며 부동산, 예금, 주식 등의 보유자산에서도 다른 세대를 압도하며 우리 사회를 이끌었다. 대기업의 평균 정년이 55세인 점을 감안할 때 내년부터 시작될 베이비 부머의 은퇴 러시가 우리 사회에 미치는 영향이 만만치 않을 것이라는 전망이 나오는 이유다.

2006년 현대경제연구원의 보고서에 따르면 현재의 베이비붐 세대가 65세가 되는 2010년 중반 이후에는 고령자를 중심으로 새로운 수요가 창출되는 '시니어 르네상스Senior Renaissance' 시대가 도래할 것이라고 한다. 기존의 고령자들과는 달리 높은 경제력과 소비성향을 지닌 베이비붐 세대가 주축이 되는 시니어 르네상스 시대에는 새로운 경제성장의 계기가 마련될 것으로 전망된다. 미국과 일본 등 선진국은 이미 시니어 르네상스의 문턱에 서 있다. 6,200만 명에 이르는 미국의 베이비 부머(1946~1964년생)는 벌써 미국 소비시장의 새 주역으로 떠오르고 있다. 2003년 미국 정부의 소비자 조사에 따르면 베이비 부머가 신차 구입에 쓰는 비용은 그보다 젊은 세대의 2배 가까이 된다. 영화 관람과 컴퓨터 구입, 맥주와 와인 소비, 의류 구입, 미용용품 구입 등에서도 젊은 세대를 앞질렀다고 한다.

베이비 부머를 중심으로 한 새로운 고령층은 인생관 자체가 기존 고령층과 판이하게 다르다. 과거의 고령층이 노년기를 '인생의 종말기'로 보는 반면, 새 고령층은 이 시기를 '자기 실현의 기회' 혹은 '제3의 인생'이라 생각한다. 또한 자녀에게 의존하지 않고 계획적으로 노후를 설계하며, 재산도 자녀에게 상속하기보다는 스스로를 위해 쓴다. 일에 쫓기느라 그동안 경험하지 못한 학문이나 취미를 배우는 등 교육에 대한 열의도 높다. 물건을 사도 저가 제품보다는 양질의 고가 브랜드 제품을 선호하는 특징을 갖고 있다.

미국 조사기관들의 자료에 따르면 미국의 베이비 부머는 그들의 부모 세대와 달리 세단보다 SUV나 스포츠카를 더 선호한다. 부동산 시장에서도 호텔식 관리 서비스를 받는 화려한 빌라의 주 고객층은 베이비 부머다. 일본에서 60세 이상 세대의 상품 구입 평균 가격은 일본 전체 세대 평균에 비해 훨씬 높다. 이들은 조금 비싸도 품질이 좋은 상품을 선택하고자 하는 소비경향을 갖고 있다. 베이비 부머는 나이가 들면서 기대 수준을 낮춰가는 그런 세대가 아니라 품질과 브랜드, 소비의 즐거움을 위해 기꺼이 돈을 쓰는 세대인 것이다. 최근 우리나라의 백화점들도 5060세대를 공략하기 위한 마케팅 전략에 공을 들이고 있다.

이러한 고령층의 증가는 상당한 고용 창출 효과를 낼 것으로 보인다. 우리나라 대통령자문 고령화 및 미래사회위원회는 고령친화형 산업의 고용창출 효과가 2002년 17만 명에서 2010년 41만 명, 2020년 66만 명으로 급증할 것이라고 예상한다.

낙관적인 관점에서 보면 고령화 사회는 결코 재앙이 아닐 수도 있다. 베이비 부머들의 경험과 지혜, 그들이 창출하는 새로운 시장과 고용의 기회, 그리고 왕성한 사회활동은 시니어 르네상스 시대를 이끌어 낼 것이다. 가장 먼저 고령화를 맞고 있는 이웃나라 일본은 고령화에 적절히 대응하면서 조금씩 '일본 재생'을 향해 전진하고 있다. 이대로라면 일본은 세계 최초로 고령화 위기를 가장 잘 극복한 나라가 될지도 모른다.

고령화의 폭풍을 넘으려면 시니어들의 지혜를 적극 활용해야 하며 그들이 맘 놓고 소비할 수 있는 기반을 구축해야 한다. 시니어 창업 지원, 정년 연장 등 시니어들이 사회 구성원으로 참여할 수 있는 기회도 적극 제공해야 한다. 시니어들의 고용이 늘면 그만큼 사회적 비용도 줄어들 것이며 시니어들은 '사회의 짐'이 아니라 '새로운 활력'이 될 것이다.

고령화 사회의 과제

평균 수명이 100세가 넘는 장수사회는 의학의 발달이 안겨준 선물이요 축복이다. 그러나 노후 준비가 제대로 안 된 상태에서 정년이 앞당겨지고 노후가 길어지면 장수가 축복이 아니라 재앙이 될 수도 있다.

은퇴 후 30년이 선택이 아닌 필수가 되면서 노후 생활을 불안해하는 사람들이 부쩍 늘고 있다. 현재 우리나라의 정년은 60~65세가 정년인 공무원과 교직원을 제외하고는 대부분의 기업에서 55세 전이다. 하지만 경기 침체로 인한 기업의 구조조정 상시화로 이러한 정년마저 보장받기가 힘들어 명예퇴직, 정리해고 등의 조기퇴직이 만연하고 있다.

퇴직금으로 노후생활을 한다는 것은 이미 옛말이 되었다. 과거에는 '평생직장'에서 은퇴하면서 받은 퇴직금을 은행에 넣어놓고 원금엔 손대지 않은 채 이자만으로 노후생활을 하는 것이 그런대로 가능했다. 그러나 지금은 기업들이 연봉제를 도입하고 퇴직금을 중간 정산하는 경우가 많아 퇴직금이 자녀의 결혼비용이나 퇴직 후 창업에 소진되는 경우가 많다. 또한 저금리로 인해 이자로 생활하는 시대는 끝났고, 이러한 저금리 기조는 앞으로도 지속될 것으로 보인다.

전통적인 가족구조의 변화도 노후대비의 어려움을 가중시킨다. 핵가족화와 산업화로 가족의 부양기능이 갈수록 약화되어 자녀에게 노후를 맡기기는 힘들어졌다. 자녀와 함께 사는 부모가 날이 갈수록 줄어드는 반면 자녀와 따로 사는 부모는 증가 추세다. 현재 우리나라의 40~50대는 부모를 봉양하는 마지막 세대이지만 정작 본인들은 자식의 봉양을 받지 못하는 첫 세대가 될지도 모른다.

가족을 먹여살리기 위해 평생을 쉬지 않고 일하다 은퇴한 노인들은 마땅히 존중받아야 한다. 그러나 정작 우리네 현실은 그렇지가 않다. 지금 현재 경제력이 없고 무능력하다 하여 무시하거나 희화의 대상으로 삼기 일쑤다.

"댁의 남편도 삼식이야?" 요즘 은퇴한 남편과 함께 사는 아주머니들이 이런 말을 주고받는다고 한다. 여기서 '삼식이'란 남편의 실제 이름은 물론 아니다. 그것은 집에서 밥을 먹는 횟수로 '일식이'는 하루 한 끼, '이식이'는 하루 두 끼, '삼식이'는 하루 세 끼를 집에서 꼬박꼬박 챙겨먹는 남편을 뜻한다. 삼식이는 아내들에게 가장 귀찮고 성가신 존재로, 집에 틀어 박혀 있는 남편 수발을 들기가 그만큼 힘들다는 뜻에서 나온 농담이다.

이런 우스갯소리가 또 있다. 직장에서 퇴직하는 남자들은 세계 4대 대학 과정을 수료한다고 한다. 1년차는 하바드대(**하루 종일 바쁘게 드나든다**), 2년차는 하와이대(**하루 종일 와이프 옆에 붙어 다닌다**), 3년차는 동경대

(동네 경로당), 4년차는 방콕대(방에 콕 박혀 있는다)라는 식이다.

노후에 아무 하는 일 없이 지내는 백수 노인들을 지칭하는 말로 '불백', '보백', '화백'이라는 말도 있다. 불백은 체면 불구하고 간신히 의식주를 해결하는 '불쌍한 백수'의 준말이고, 보백은 어느 정도 체면치레를 하고 기본적인 문화생활을 하는 '보통 백수'를 의미한다. 화백은 골프와 해외 여행을 즐기는 '화려한 백수'를 줄인 말이다. 65세 부부가 불백이면 노후생활에 드는 비용이 4억 정도 되고, 보백이면 8억, 화백은 12억이라는 말이 있다.

그런데 주위를 둘러보면 불백에도 미치지 못하는 노인들이 상당수에 달한다. 몇 년 전부터 중산층이 붕괴되고 부의 양극화가 심해지고 있는데 이런 현상은 노인들에게도 예외가 아니다. 부자 노인들은 정기적으로 건강검진을 받으며 골프와 와인 등 고품격 문화생활을 즐기고 해외여행을 즐기는 반면 가난한 노인들은 의식주를 해결하기도 힘들어 불백 축에도 끼지 못한다. 이들은 단돈 몇천 원이 아까워서 무료 지하철로 이동하고 무료급식을 찾아 전전한다. 배우자를 잃고 자식들에게도 보살핌을 받지 못해 혼자 지내는 독거 노인들은 주변에 돌봐줄 사람이 없어서 끼니를 거르는 일이 다반사고, 몸이 아프게 되면 혼자서 대처하기가 어렵다. 이런 경우 우울증에 걸리기가 쉬운데 일반적으로 65세 이상 노인 인구의 약 15%가 우울증에 빠지며, 우울증이 극에 달하면 자살이라는 마지막 선택을 하게 된다. 생활고를 비관해서 자살하는 노인들의 수가 해마다 늘고 있는데, 우리나라 노인의 자살률은 OECD 회원국 중 1위라고 한다.

고령화 사회의 이러한 문제를 풀어나가기 위해서는 많은 노력이 필요하다. 기존의 노인복지정책과 연금제도를 수정하고 재정비하는 것은 물론 출산을 장려하고 지원해야 한다. 노인 인구가 증가하고 청년 인구가 감소하면 사회의 활력이 떨어지고 경제 성장이 둔화될 것이므로 노인들의 고용을 늘리고 그들을 자원화해야 한다.

서구 선진국에서는 '퇴직은 있지만 은퇴는 없다'며 베이비 부머 세대들의 창업열기가 뜨겁다. 퇴직 후 조용히 여가 생활을 즐기는 대신 자신이 갖고 있는 경험과 지식을 살려서 창업을 하고, 평소에 꿈꿔왔던 제2의 인생을 살아가려는 사람들이 많다.

이제 노인들 스스로도 능동적이고 주체적인 존재로 거듭나 스스로 노후를 책임지는 자세를 가져야 한다. 자식에게 봉양받으며 여생을 즐기는 데 안주할 것이 아니라, 노인의 지식과 경험을 사회 자원으로 활용하여 소비적이고 비생산적인 노인의 이미지를 벗고 생산적인 노인이 되어야 한다. 국가나 사회 역시 노인의 생산성을 재평가하고 일자리 창출에 힘써서 고령화의 위기를 슬기롭게 극복해야 할 것이다.

노인들이 변하고 있다

되돌아가서 새로운 출발을 할 수는 없지만
누구라도 지금 시작해서 새로운 끝맺음을 할 수는 있다.

솔개는 가장 장수하는 조류로 알려져 있다. 약 70년을 살 수 있는 솔개는 대략 40년쯤 살고 나면 발톱이 노화하여 사냥감을 효과적으로 잡아챌 수 없게 된다. 부리 또한 길게 자라고 구부러져서 가슴에 닿을 정도가 된다. 그리고 깃털이 짙고 두껍게 자라 날개가 무거워지면 하늘을 날기도 힘들어진다. 이렇게 되면 솔개에게는 두 가지 선택이 있을 뿐이다. 그대로 죽을 날을 기다리든가, 아니면 약 반 년에 걸친 매우 고통스러운 갱생 과정을 수행하는 것이다.

갱생의 길을 선택한 솔개는 먼저 산 정상 부근으로 높이 날아올라 그곳에 둥지를 짓고 머물며 고통스런 수행을 시작한다. 먼저 부리로 단단한 바위를 쪼아 부리가 깨지고 빠지게 만든다. 그러면 서서히 새로운 부리가 돋아난다. 그런 다음 새로 돋은 부리로 발톱을 하나하나 뽑아낸다. 새로 발톱이 돋아나면 이번에는 날개의 깃털을 하나하나 뽑아낸다. 반 년에 걸친 고통스럽고 힘든 리모델링(?) 과정이 끝나고 나면 솔개는 전혀 새로운 모습으로 변신해 이후로 30년을 더 살게 된다.

은퇴 후 30년의 인생 후반기를 맞이하는 사람들에게 솔개의 이야기는 시사하는 바가 크다. 사람들이 일반적으로 50대에 직장에서 퇴직한다고 했을 때, 50세 이전의 인생을 제1의 인생으로, 50세 이후의 인생을 제2의 인생으로 보고 인생 2모작을 준비해야 한다는 목소리가 커지고 있다. 이러한 두 인생 체제에서 기본적으로 은퇴란 있을 수 없다. 제1의 인생에서 벌어놓은 돈으로 연명하거나 제1의 인생에 적당히 걸쳐서 사는 것이 아니라, 제2의 인생이 새롭고 당당하게 거듭날 수 있도록 발상의 대전환을 해야 한다. 제2의 인생에서도 계속 일하기 위해서는 적어도 40대 중반부터 제2의 인생을 위한 교육을 새로 받아야 한다. 신입생 감소로 재정적인 위기에 놓은 대학들이 이같은 수요를 겨냥해 은퇴자들의 재교육에 눈을 돌려야 할 때다. 실제로 일본과 미국의 대학에서는 은퇴자들이 재교육을 받는 경우가 늘어나고 있으며 도쿄국제대학은 대학 졸업 후 30년 이상이 지난 사람만 지원할 수 있는 대학원을 개설하였다. 미국의 베이비 부머 세대들도 새롭게 전문대학에 진학하는 붐이 일고 있다. 20대에 대학을 졸업한 후 재충전을 할 기회도 없이 30년 가까이 배터리를 소진해 온 사람들이 제2의 인생을 새롭게 포맷하려는 것이다.

과거와 달리 비교적 높은 교육수준과 경제력을 갖추고 있는 요즘의 노인들은 이전의 노인들과는 다르다. 이들은 노인정이나 경로당에 모여앉아 화투를 치거나 막걸리를 마시며 시간을 보내기보다는, 자신의 경험과 능력을 살려서 일을 하고 뭔가를 새롭게 배우려고 한다. 전국의 시·군·구에서 운영하고 있는 노인복지관이나 문화센터는 각종 강좌를 들으려는 노인들로 넘쳐나고 있다.

요즘 노인들은 사회활동에도 적극적이다. 몇 년 전부터 아동을 대상으로 한 범죄가 늘고 있는 가운데 어린이 보호를 위해 노인들이 나서서 노인 순찰대를 조직해 지역을 순찰하기도 한다. 또한 노인 스스로가 언론 등에 보도되거나 방송되는 노인의 모습을 모니터링하기도 하고, 정보화 시대에 맞춰 컴퓨터를 배우고 인터넷을 활용한다.

서울시는 이러한 변화에 발맞추어 노인들의 활기차고 행복한 노후생활을 지원하기 위한 '9988 어르신 프로젝트'를 추진하고 있으며 어르신과 가족들의 주요 관심사에 대한 다양한 정보를 얻을 수 있도록 '9988 어르신 포털' 사이트 http://9988.seoul.go.kr를 오픈하였다.

여기서 '9988'이란 99세까지 팔팔하게 살자는 뜻이다. 그동안 노인들에 대한 다양한 정보가 문서로 각기 흩어져 있어 정보수집이 곤란하였으나, IT환경의 변화에 따라 이용자 중심의 콘텐츠로 구성된 '9988 어르신 포털'이 오픈됨으로써 어르신의 적극적인 요구에 능동적으로 대처할 수 있게 됐다.

♣ 젊어지는 노인들

경제력이 어느 정도 뒷받침이 되는 노인들은 뒷방 늙은이 신세에 만족하기보다는 젊은 세대의 라이프 스타일을 추구하고 최신 트렌드에 뒤처지지 않으려고 노력한다. 몇 년 전부터 우리 사회에 불어닥친 동안 열풍으로 나이보다 젊게 외모를 가꾸는 사람들이 부쩍 늘어났고, 한 지상파 방송사의 동안선발대회에는 참가 신청자들이 구름떼처럼 모여든다고 한다. 외모지상주의를 걱정할 만큼 비주얼이 각광받는 시대인지라 이성을 만나는 것은 물론이고, 직장에서나 대인관계에 있어서나 경쟁력 있는 외모를 가진 사람이 더 나은 대접을 받는 현실이다.

노인들도 이런 트렌드에 적극 동참하고 있는데 보톡스와 필러는 기본이고, 새로운 주름제거 시술을 받으러 성형외과를 찾는다. 노화 억제를 목적으로 하는 치료법들도 선풍적인 인기를 끌고 있으며 노화증상을 늦춰준다는 성장 호르몬 주사를 비롯해서 태반 주사에 이르기까지 '항노화' 산업이 뜨고 있다. 동안은 물론 몸을 젊고 건강하게 가꾸는 노인들도 많아서 70살을 훌쩍 넘긴 나이에도 불구하고 꾸준한 운동과 보디빌딩으로 20대 청년의 몸을 갖고 있는 할아버지들이 있다. 방송인 현영 못지않은 S라인 몸매를 자랑하는 어느 60대 할머니는 요가 삼매경에 빠져서 요가의 나라인 인도까지 다녀왔다고 한다.

외모를 젊게 가꾸는 것 못지않게 학구열을 불태우는 노인들도 있다. 경북에 사는 김광순 씨(75세)는 칠순을 훌쩍 넘긴 고령이지만, 2008학년도 대구과학대학 의료복지과 수시모집에 최우수 성적 장학생으로 당당하게 합격했다. 김 씨는 2006년 2월, 고교입학 55년 만에 명예졸업장을 받았는데 거기엔 그럴 만한 사연이 있다. 김 씨는 1952년 구미 오상고에 입학했지만 2학년 때 학도병으로 입대를 하게 됐다. 3년 후 병참시설 공사를 하다 부상을 당해 대구육군병원에 후송, 치료를 받던 중 결핵성 늑막염 진단을 받아 제대를 했는데 늑막염 치료를 하느라 복학을 할 수 없었다. 그는 평소 못다한 공부에 대한 회한이 컸었는데 모교에서 명예졸업장을 준다는 연락이 오자, 손자 또래의 학생들과 함께 명예졸업장을 받았다. 하지만 복학을 하기엔 나이가 너무 많아 모교에서 공부를 계속할 수 없었다. 결국 김씨는 구미고 부설 방송통신고에 편입을 해 학업을 이었다. 그리고 지난해 10월에는 대구과학대학 수시모집에 최우수 성적 장학생으로 합격을 하게 됐다. 구미고 부설 방송통신고 총동문회장 장학생이기도 한 김 씨는 건강이 허락되는 한 공부를 계속하겠다는 꿈을 밝혔다.

몇 년 전 한 일간지에 '2006년 미국의 최고령 노동자'로 뽑힌 왈도 맥버니 씨가 소개된 적이 있다. 당시 나이 104세였던 맥버니 씨는 100세를 넘겼다는 게 믿기지 않을 정도로 젊고 활기찬 모습이었다. 그는 미국 고용인협회가 인증하는 직업 훈련 과정을 거친 경력직 소유자 중 미국 최고령 직장인으로 정식 등록되어 있는 인물이기도 하다. 13살의 나이에 하루 임금 50센트를 받으며 농장 일을 시작한 그는 1927년 대학에서 원예학을 전공했고, 그와 관련된 직종의 일을 두루 거쳐 지금 현재 일하고 있는 꿀 공장에 남들은 모두 은퇴하고도 남을 91살에 취직했다고 한다. 고령에도 불구하고 '노동은 인생의 맛을 내는 소금'이라는 것을 몸소 실천하며 왕성하게 일하는 맥버니 씨는 동년배들의 희망이다.

여기서 주목할 것은 노인들의 이런 변화가 수적인 증가에만 그치지 않고 과거와는 다른 새로운 노인문화를 창출해내고 있다는 점이다. 나이가 들어감에 따라 그저 수동적으로 늙어가던 노인들의 문화가 경제력이 있는 노인의 증가와 여가 생활에 대한 인식의 변화, 스스로의 삶을 책임지려는 능동적인 자세로 인해 달라지고 있는 것이다.

이렇게 나이보다 젊게 사는 노인들이 많아지면서 그들을 지칭하는 신조어들이 생겨나고 있는데 오팔족OPAL, 애플족APPLE, 통크족TONK, 웹버족Webver 등이 바로 그것이다. 오팔OPAL은 Old People with Active Life의 영문 머리글자에서 딴 것으로, 2002년 일본에서 발간된 책 《여자의 지갑을 열게 하라》에서 처음으로 등장한 신조어다. 이들은 자녀에게 의존하지 않고 취미와 여가활동을 즐기며 두 사람만의 인생을 찾는 새로운 노인상을 대변하며 봉건적 사고방식에서 벗어나 있다. 애플족이란 활동적으로Active, 자부심을 갖고Pride, 안정적으로Peace, 고급문화를 즐기는Luxury, 경제력을 가진Economy 노인들을 뜻한다. 통크족은 Two Only No Kids의 약어로 자신들만의 오붓한 삶을 즐기려는 노인 세대를 말한다. 이들은 손자, 손녀를 돌보느라 시간을 빼앗기던 전통적인 할아버지와 할머니의 역할을 거부하고 자신들만의 인생을 추구한다. 며느리와 자식들 눈치를 보며 사느니 경제적 능력만 된다면 따로 사는 게 마음이 편하다는 것이다. 웹버족은 인터넷을 뜻하는 Web과 노인세대를 지칭하는 Silver의 합성어로 디지털

라이프를 즐기는 정보화된 노인들을 일컫는 신조어다. 과거 유행한 실버 네티즌, 노老티즌 같은 말이 웹의 급속한 발전으로 한층 업그레이드된 셈이다. 이들은 단지 인터넷을 '사용'할 줄 아는 차원에 머물지 않고 각종 정보기술을 적극 '활용'하는 특성을 지녔다. 단순히 인터넷 서핑에 그치는 것이 아니라 블로그, 카페, 홈페이지 운영은 물론 전자상거래, 사이버 강의, 학위취득 등 인터넷 영역에서 세상과 소통하며 사회 재참여도를 높여가고 있다.

♣ 실버세대의 성과 사랑

인간에게 가장 큰 불행은 재산이나 명예를 잃는 것도 아니고 일에 대한 실패도 아니다. 그것은 바로 외로움이다.

오랜 세월을 함께 한 배우자를 잃는 것은 인간이 경험할 수 있는 가장 큰 슬픔이자 고통으로, 이것이 우울증으로 발전하면 치매 증상을 보일 수도 있고 극단적인 경우 자살에 이르기도 한다. 특히 남성은 여성보다 더 실의에 빠지고, 외로움에 시달리며 정상적인 생활이 힘들어질 수도 있다.

그래서인지 요즘 환갑을 넘긴 노인들 사이에서는 애인 있는 사람이 '짱'이라고 한다. 50대까지는 주로 경제력으로 대우를 받지만 배우자와 사별하거나 황혼이혼으로 혼자가 될 확률이 높은 60대에는 애인이 있어야 친구들 사이에서 능력있다고 대접받는다. 노인문제 전문상담기관인 '한국 노인의 전화'에 상담을 신청하는 대다수 노인들이 이성교제를 희망한다고 한다.

  얼마 전 서울 근교의 한 실버타운에서는 어느 노인 커플의 동거가 화제가 됐다. 2년 전 부인과 사별한 이 모 씨(70세)는 실버타운에서 자신과 같은 처지의 여성을 만나 두 달 만에 살림을 합치기로 했다. 이 씨는 "우리는 진심으로 서로를 사랑한다."라고 당당하게 주변에 밝혔고, 처음엔 두 사람 사이를 반대하던 자식들도 결국 마음을 돌려 "두 분이 서로 의지가 되고 행복하면 됐다."라고 하면서 동거에 동의했다고 한다.

  배우자를 잃은 독신 노인들이 정상적이고 건강한 생활을 유지하기 위해서는 새 배우자를 맞아 애정과 행복을 지속시키는 것이 좋다. 그러기 위해서는 먼저 적당한 상대를 찾아야 하는데, 이를 자식들에게 맡기기보다는 황혼의 사랑을 찾아 적극적으로 나서는 노인들이 늘고 있다. 노년층의 사랑을 주책이나 노망으로 깎아내리며 다른 사람은 몰라도 내 부모는 안 된다는 인식이 여전히 지배적이지만, 자신들의 감정을 솔직하게 드러내며 당당하게 실버로맨스를 구가하는 노인들이 증가하면서 황혼재혼이 늘어나고 있고 이를 감지한 결혼정보회사들도 발빠르게 움직이고 있다. 결혼정보회사 선우는 최근 몇 년 동안 매년 어버이날마다 60세 이상 노인들을 대상으로 무료 효도미팅 행사를 개최해왔는데, 행사에 관한 문의와 참가 신청자들이 늘어나자 특정 시기에 한정된 행사에서 한발 더 나아가 노인들이 수시로 동반자를 찾을 수 있는 프로그램을 개발하였다. 또한 6070세대를 위한 재혼전문 회사가 생기고 50대 이상 여성들을 우대한다는 광고도 나오고 있다. 이렇게 황혼의 로맨스가 급증하고 그것이 우호적으로 받아들여지는 데에는 노인도 애정을 나누고 행복해질 권리가 있다는 인식의 변화가 한몫했다. 그러나 다른 한편으로 생각하면 부모의 노후를 책임질 수 없는 자식 세대와 홀로 자립할 수밖에 없는 노인들의 처지가 맞물려서 황혼재혼이 성행한다고도 볼 수 있다. 자식으로서 부모를 부양할 의무에서 벗어날 수 있기 때문에 자연히 노인들의 재혼에 대한 거부감을 양보하는 것이다.

달라진 실버세대는 사랑과 성에 있어서도 적극적인 태도를 보인다. 지난해 서울의 한 간호대학에서 열린 '노인의 성性과 사랑' 특강에 참석한 90세의 김 모 씨는 비뇨기과 전문의의 강의가 끝난 후 손을 번쩍 들어 질문을 던졌다. "아직도 성생활을 하고 싶은데 마음대로 안 돼서 고민입니다. 선생님! 어떻게 하면 되겠습니까?" 200석을 가득 메운 노인들은 김 모 씨의 용감한 발언에 고무되어 "다시 연애를 하고 싶다.", "성생활 용품을 써도 되는가?", "아내가 잠자리를 거부해서 욕구를 풀 데가 없다."라고 말하며 고민을 털어놓기 시작했다. 또한 서울노인복지센터에서 열린 성 특강 후 무료로 나눠준 500개의 콘돔이 금세 바닥나기도 했다. 종로구 보건소 측은 종묘공원 근처 노인들의 성병 감염률이 10%에 달해 시작한 특강이라며 요즘 노인들은 성에 대해 매우 개방적이라고 말했다.

서울 영등포 쪽방촌에서 성행하는 실버 윤락이나 종묘공원에서 노인들을 유혹하는 일명 '박카스 아줌마'가 간혹 사회 문제로 떠오를 때가 있다. 그런 문제가 매스컴에 오르내리면 노인이 어떻게 성매매를 할 수 있냐며 주책맞고 음란하다고 가차없이 매도하는 사람들이 있다. 그러나 이러한 현상의 근본적인 문제는 윤락 자체가 아니라 노인들이 성 욕구를 해결할 마땅한 방법이 없기 때문이다. 노인들 역시 음지에서 성 문제를 해결하기보다는 남보기에 떳떳한 방식으로 이성과 만나고 사랑을 나누기를 원하고 있다. 배우자가 없는 노인들이 자유롭게 이성을 만나고 교제할 수 있는 기회를 더 늘려야 하는 이유가 여기에 있다.

황혼의 성숙한 사랑

샌드라 데이 오코너는 미국 사법사상 최초의 여성 연방대법관이었다. 총 9명으로 구성된 연방대법관들은 '현인'으로 불릴 만큼 명예를 한몸에 받고 있으며 임기가 종신이다. 그중에서도 오코너는 진보와 보수가 첨예하게 대립하는 법정에서 캐스팅 보트를 행사해 합리적인 판결을 이끈 사람으로 '중도의 여왕Queen of Center'이라는 칭송을 받았으며 오랫동안 '세계에서 가장 영향력 있는 여성' 중의 한 사람으로 꼽혔다.

그런 오코너가 지난 2005년 24년간 지켜왔던 대법관의 임무와 영예를 한순간에 내려놓으며 은퇴를 선언해 사람들을 깜짝 놀라게 했다. 그녀가 법복을 벗어던진 이유는 유능한 변호사로 활동하다 알츠하이머 진단을 받은 남편을 간병하고 싶어서였다. 자신이 유방암으로 투병생활을 하던 시절에도 법관의 자리를 지키며 강한 면모를 보였던 오코너는 평생의 반려자인 남편을 위해 명예로운 종신 대법관의 자리를 미련없이 내놓았다. 그리고는 알츠하이머로 기억력을 잃고 아내마저 알아보지 못하는 남편을 정성껏 보살폈다.

그런데 요양원에서 투병 생활을 하던 남편이 다른 여성 환자와 사랑에 빠지고 말았다. 두 사람이 다정하게 손을 잡고 산책을 하거나 키스를 하는 모습을 본 오코너는 남편을 미워하지도 않았고, 새 연인을 질투하지도 않았다. 오히려 자살만 생각하고 힘들어하던 남편이 새로운 사랑으로 평안을 찾은 것에 안도했으며, 사랑에 빠진 사춘기 소년처럼 행복해 하는 모습에 진심으로 기뻐했다. 오코너는 남편의 변화를 있는 그대로 받아들이며 "나를 기억하지 못하고 다른 여성을 사랑해도 당신만 행복하다면 나는 기쁩니다."라고 말했다.

오코너의 이야기는 성경의 고린도전서 13장에 나오는 유명한 구절을 생각나게 한다. "사랑은 모든 것 감싸주고 바라고 믿고 참아내며 사랑은 영원토록 변함없네." 젊어서의 사랑은 비할 바 없이 격정적이고 뜨겁지만 상대보다는 자기의 행복만을 바라기 때문에 편협하고 일방적인 면이 있다. 그러나 황혼의 사랑은 자신보다 상대가 더욱 행복하기를 바라기 때문에 더 깊고 진실된 경지에 도달한다.

시사주간지 〈타임〉에서 '우아하게 늙어가는aging gracefully 미국인 10명'을 선정한 바 있다. 남성으로는 1937년생인 콜린 파웰 전 국무장관, 그와 동갑내기인 영화배우 로버트 레드포드, 그리고 1930년생인 '투자의 귀재' 워렌 버핏 등이 선정됐다. 여성으로는 1941년생인 '살림의 여왕' 마사 스튜어트, 역시 동갑내기 인권운동가이자 반전·평화운동가인 가수 존 바에즈, 1931년생인 노벨상 수상작가 토니 모리슨, 그리고 1930년생으로 알츠하이머병을 앓고 있는 남편 간호를 위해 대법관 자리를 버린 샌드라 데이 오코너 등이 포함됐다.

．
．
．

우리는 누구나 세월만으로 늙어가지 않고
이상을 잃어버릴 때 비로소 늙어가나니
세월은 살결에 주름을 만들지만
열정을 상실할 때 영혼이 주름진다

-사뮤엘 울만의 시 〈청춘〉 中에서

편견 속에 갇힌 노인의 성
노년의 성 혁명
노년의 성, 왜 중요한가
성이 바로 서야 삶이 바로 선다

성의 정년은 없다

Part 2

편견 속에 갇힌 노인의 성

섹스는 자연의 일부이다. 그러므로 섹스할 때에는 본래,
부자연스러운 것은 무엇 하나 있을 리가 없다.

그리스의 철학자 플라톤의 《국가론》을 보면 "아직도 성관계를 하느냐?"라는 질문에 비극 작가인 소포클레스가 이렇게 대답했다. "마치 거칠고 사나운 주인에게서 도망친 것처럼 거기서 벗어난 것이 얼마나 기쁜지 모르겠네." 성욕이 사라진 것을 해방으로 여긴 소포클레스처럼 노인이 되면 무성적인 존재로 퇴화한다고 생각하는 이들이 과거는 물론이고 오늘날에도 많다.

서구 사회에서 노인의 성에 대한 일반적 편견과 무지를 연구한 버틀러Butler와 루이스Lewis는 노인의 성에 대한 잘못된 정보가 잘못된 '신화'를 만들어내고, 이로 인해 인생 후반기의 성생활이 억압받고 침해당한다고 보았다. 이들이 제시한 노인의 성에 대한 잘못된 신화들은 다음과 같다.

첫째, 나이가 들면 성적인 욕구가 줄어들고 60세에서 66세 사이에 완전히 소진된다.

둘째, 성교를 위한 육체적인 능력이 나이와 함께 퇴화한다.

셋째, 성교는 육체적인 조건과 생산의 문제이며, 따라서 젊은 사람에게 보다 적합하다.

넷째, 성교는 노인생활시설에서는 중단된다.

섹스를 위한 성적인 욕구와 신체적인 능력은 노화 과정을 거치며 퇴화하는 것이고, 발기부전은 노화의 필연적인 결과이며 성교는 오직 젊은 사람들만을 위한 것이라는 사회적 신화가 굳어지면서 노인들은 성에서 은퇴한 존재가 되었다. 그래서 노인들이 성생활을 계속하면 비도덕적이고 비정상적이며 더러운 것으로 간주하였다. 또한 노인이란 이기심과는 거리가 먼 희생과 무욕의 존재, 세속적 쾌락을 초월한 도인이나 신선 같은 이미지로 그려지기도 했다.

이런 사고방식은 오랜 세월 다양한 학습 과정을 거쳐 사람들의 머릿속에 뿌리내리게 되었고, 첨단 과학문명이 발달한 오늘날에도 이어지고 있다. 노인의 삶의 질을 이야기하고 노인 복지를 거론하게 되면 노인의 소득을 보장해서 경제적으로 자립하게 하는 것, 의료보장을 강화해서 건강 증진에 도움을 주는 것, 가족의 형태 및 기능 변화에 따른 노인 부양의 문제를 해결하는 것, 재교육 기회를 늘려서 노인의 사회적 참여를 활성화하는 것에만 관심이 집중될 뿐, 노인의 '성' 문제는 모른 척하며 은폐하려고 한다. 남은 생을 깨끗하게 살다가 조용히 하직해야 할 노인들에게 원초적 본능은 가당치 않으며 주책맞고 흉한 것으로 생각하기 때문에 노인의 성을 인정하거나 공론화하는 것을 꺼린다. 그리고는 수십 년간 수절하면서 자식들을 훌륭하게 키워낸 노인이나, 행상을 하며 힘들게 모은 전 재산을 사회에 환원하는 노인들만을 칭송하고 높이 평가한다.

이는 노인들에게 압력으로 작용하는 일종의 폭력이며 에이지즘의 발로다. 국립 노화연구소의 설립자이자 뉴욕의 마운트 시나이 메디컬 센터에 미국 최초로 노인의학과를 설립한 노년학의 선구자 로버트 버틀러는 '에이지즘agism'이라는 새로운 용어를 사용한 바 있다. 에이지즘은 인종차별이나 성차별과 같은 것으로 고령자를 고령이라는 이유로 차별하는 것이며, 노인 집단에 대한 부정적인 관점이자 현실과 괴리된 견해이다. 노인의 성이 억압받아 온 것은 어제 오늘 일이 아니나, 그래도 다행인 것은 이 문제가 수면 위로 떠올라 사회적으로 논의될 수 있는 분위기가 조성되었다는 것이다.

사람은 누구나 다 늙는다. 편견에 찬 시선으로 노인들을 바라보고 그들의 욕망을 주책이라고 폄하한 사람들 역시 언젠가는 노인이 될 것이다. 그리하여 주름진 몸 속에 아직도 뜨거운 피가 흐르고, 욕망이 살아 꿈틀대는 것을 느끼며 지난날의 과오와 무례를 반성할 날이 올지도 모른다.

⚜ 성은 젊음의 특권인가?

얼마 전 80세가 넘은 고령의 할아버지가 쓴 에세이를 읽다가 피식 웃음이 나왔던 적이 있다. 글을 쓴 할아버지는 집 주변에 있는 학교 운동장으로 자주 산책을 나가곤 했는데, 저녁때가 되면 동네에 사는 젊은 아가씨들이 모여들어 운동을 하곤 했다. 아가씨들은 다이어트를 해서 날씬해지겠다는 일념으로 숨을 헉헉거리며 열심히 뛰어다녔고, 그들을 구경하며 무료함을 달래던 할아버지는 문득 이런 생각을 했다고 한다. "저들은 밤에 섹스도 하겠지." 그 대목에서 피식 웃지 않을 수 없었다. 세상을 다 산 듯한 무표정하고 주름진 얼굴과 하얗게 센 백발의 할아버지를 보고 혹자는 "저 할아버지가 달을 쳐다보며 옛날 생각을 하시나보다."라고 생각했을지도 모를 일이다. 그러나 할아버지는 거리낌없이 성을 즐길 수 있는 젊은 처자들을 부러워하며 섹스 생각이 간절했던 것이다.

때때로 젊은 사람들은 노인들을 보며 "저들도 밤에 섹스를 할까?" 생각하다가도 "저 나이에 설마… 이제 그런 것쯤은 졸업하고도 남았겠지."하며 그들의 성을 부인하곤 한다. 우리 사회에서 성은 젊은이의 특권처럼 여겨져 왔고 노인들은 열외로 취급받아 왔다. 성에 관한 모든 담론은 건강한 20대에서 30대의 젊은 남녀를 기준으로 삼고 있는데, 이는 남성 중심의 성문화를 주도하는 남성잡지의 편집을 보면 분명하게 알 수 있다. 그런 잡지에 들어있는 섹시 화보들은 전부 젊고 싱싱한 육체를 대상으로 하고 있다. 성에 대한 칼럼이나 성생활에 대한 다양한 정보 역시 젊은이들에게 편중된 것은 마찬가지다. 젊고 건강한 사람만이 성욕을 느끼고 성을 즐기고자 하는 욕망이 있는 것은 아니라는 점에서 그러한 젊은이 중심의 편중된 성문화는 기형적이라 할 수 있다.

동성애의 권리 운동이 시작되고부터 사람들의 인식은 많이 변했다. 동성애 권리운동이 다른 인권운동과 다른 특징적인 점은 '즐길 권리'를 주장했다는 점이라고 필자는 생각한다. 어쩌면 다른 누군가에게는 낯 뜨거울지도 모를 '성애'의 권리를 주장함으로써 통상적으로 점잖은 요구만을 정치화하는 데 익숙한 인권운동에도 신선한 반향을 불러일으켰다. 투쟁의 방법상의 문제에 있어서도 보통의 시위 현장에서는 볼 수 없는 나체와 쾌락을 상징하는 가장행렬, 성행위를 묘사한 조형물과 포스터 등을 동원해 자신들의 욕망과 쾌락의 권리를 스스럼없이 드러냈다. 이러한 동성애 운동이 불러온 변화는 욕망과 쾌락의 권리도 충분히 정치화되고 사회적 요구가 될 수 있으며 또 그렇게 되어야만 비로소 욕망과 쾌락을 얻을 수 있다는 자각이었다. 또 하나의 인식의 변화는 사람들이 자신들의 성애를 '동성애'와 비교하여 '이성애'로 상대화해 생각하는 너그러움을 가지게 되었다는 것이다.

그러나 특정한 성을 즐기고 특정한 성적 정체성으로 살아갈 권리를 주장하는 것이 동성애자들에게만 해당되는 것일까? 어떤 면에서는 노년의 성도 동성애만큼이나 성의 외곽지대에 머물러 있다. 이런 점은 장애인의 성에 대해서도 마찬가지다. 동성애자와 노년의 성, 그리고 장애인의 성이 어떻게 비교가 가능하겠냐고 생각하는 사람이 있을지도 모른다. 그러나 동성애자들과 노인들 그리고 장애인들 사이에는 의외로 공통점이 많다. 그들은 모두 특정한 공동체를 이루고 일종의 연대의식을 가지고 있다. 또한 공통의 이해라든가 공통의 욕구를 가지고 있으며 그에 따라 공통의 목적을 위해 행동하거나 정치적 조직을 만들 수도 있다. 그런 점에서 노인이나 장애인 역시 또 하나의 자아 정체성 혹은 성적 정체성으로 여겨져야 한다고 생각한다.

나이가 들면 누구나 노인이 되지만 누구나 장애인이나 동성애자가 되는 것은 아니라고 하여 노인을 특별히 하나의 성적 정체성으로 분류하는 것이 적절치 않다고 여길 수도 있다. 그러나 나이가 들면 누구나 다 노인이 된다고 해서 청·장년기와 노년기 사이에 정체성의 연속성이 있다고 장담할 수 없다. 오히려 연속보다는 불연속이라고 보는 것이 타당하고, 그 불연속은 비장애인이 장애인이 되는 것만큼 혹은 이성애자가 동성애자가 되는 것만큼이나 충격과 혼란을 동반하는 것이라 말하고 싶다. 그렇지 않다면 동서양의 위대한 철학자들로부터 현대의 철학자들, 그리고 시몬느 드 보봐르를 비롯한 숱한 문학가들이 '늙음'을 따로 논하고 노년에 대한 독자적인 철학적 사유와 감상을 전개한 이유가 없을 터이다. 노년기가 인간이 새로운 성적 정체성을 맞는 시기로 받아들여지면 노인도 성욕을 가지고 있다는 단순한 사고를 넘어서 국가와 사회가 그들의 특수한 성적 정체성에 맞는 욕망과 쾌락에 관심을 가지고 그들의 요구가 충족될 수 있는 길을 모색할 수도 있을 것이다.

⚜ 노년의 성을 위협하는 것들

남성성에 있어서 신체적 강건함이 차지하는 비중은 생각보다 크다. 남성들은 평생에 걸쳐서 육체적인 면에 대한 과도한 기대를 받으며 중압감을 느낀다. 체력 하나만을 놓고 봤을 때, 노인 남성이 젊은이에 비해 체력이 달리는 것은 당연하다. 그럼에도 불구하고 노인 남성은 성행위의 빈도나 정력에 있어서 젊은이와 비교하려고 하며 성생활의 질과 경험의 가치에는 거의 주목하지 않는다. 나이가 들면서 몸이 예전 같지 않은 상황에서 발기하기까지 시간이 더 오래 걸리거나 음경의 강직도가 떨어지게 되면 혹시 성적으로 불능이 된 건 아닐까 하는 생각에 두려움이 앞서기도 한다.

여성 역시 나이가 들어 폐경이 되면 여성성을 상실할 위기에 놓인다. 여성은 성행위 자체에 있어서는 남성처럼 뚜렷한 변화를 겪지도 않고, 심리적인 압박도 덜 받는다. 하지만 그들 역시 변화를 두려워하기는 마찬가지다. 질 근육이 탄력을 잃어 상대를 만족시키지 못할까봐 걱정하고, 질 윤활액이 줄어들어 성교가 힘들어지는 경우도 있다.

노화와 함께 찾아오는 성적인 변화들은 분명 달갑지 않은 것들이다. 다가올 죽음에 대한 공포와 육체적 능력의 퇴화는 노인들에게 크나큰 절망감을 안겨줄 수 있다. 노화를 제대로 받아들이지 못하면 신체적 건강이 나쁘지 않은데도 스스로 노인이라는 덫에 갇혀 무기력하게 행동하는 이들이 종종 있다. 이들은 노인이 취해야 할 것으로 생각되는 판에 박힌 노인상 그대로 행동하면서 자신과 타인에 대한 책임을 회피하고 동정심을 유발한다. 노화를 성숙하게 받아들이지 못한 결과 늙어가는 자신을 혐오하며 심술궂게 투정을 부리는 것일 수도 있고, 그저 혼란스러워서 그러는 것일 수도 있다. 이런 경우 이제 게임은 끝났다는 생각에 자신이 성적으로 무능력해졌다고 단정하고 스스로 성생활을 포기할 수도 있다. 그렇게 자포자기함으로써 성적 변화로 인한 불안을 회피하려는 것이다.

그러나 성은 신체적 능력만이 전부가 아니며 감정적인 측면이 그에 못지않게 중요하다. 나이 든 사람일수록 오랜 경험으로 인해 상대를 헤아리고 배려하는 성숙한 태도로 성을 즐길 수 있다. 또한 젊은이들에 비해 테크닉 면에서 뛰어날 수 있으므로 신체적 능력이 떨어지는 것을 보완할 수 있으며, 필요한 경우에는 의료적 도움을 받을 수도 있다.

노화에 따른 신체적 변화 못지않게 노년의 성을 위협하는 요소는 사별이나 이혼으로 인한 파트너의 부재다. 특히 오랜 세월 함께 한 배우자를 잃는 것은 노년기에 경험할 수 있는 가장 큰 고통이라 해도 과언이 아니다. 배우자가 죽고 혼자 남겨지면 하나부터 열까지 삶의 모든 것이 변하게 된다. 아내 혹은 남편이 깨워주지 않아도 혼자 알아서 일어나야 하고, 둘이서 함께 하던 식탁에 덩그러니 혼자 앉아야 한다. 문제가 생겨도 머리를 맞대고 함께 고민해 줄 사람이 없고, 몸이 아파도 챙겨줄 이가 없어 서글퍼진다. 배우자를 잃게 되면 일상을 함께 할 짝을 잃는 것은 물론이고, 배우자로 인해 유지됐던 인간 관계도 축소되거나 단절되기 쉽다. 여성 노인의 경우라면 남편의 죽음으로 경제적 지원이 끊길 위험이 크다.

배우자와 사별하게 되면 공인된 섹스 파트너가 사라짐으로써 노년의 성생활이 중단될 수밖에 없으며 성적인 욕구를 해소할 길이 없어진다. 배우자 없이 홀로 지내는 우리나라 노인들의 성생활 유형은 그냥 참는 회피형, 다른 일에 몰두하는 관심전환형, 성적 욕구를 혼자 해결하는 자위행위형, 성적 욕구를 해결하기 위해서 이성을 만나는 이성교제형, 그리고 불법적으로 성매매를 하는 매춘이용형으로 분류할 수 있다.

노년의 성을 위협하는 또다른 복병은 바로 질병이다. 45세~60세 사이 남성들은 같은 나이의 여성들보다 심장질환 발생률이 3배 가량 높다. 심장발작은 생명을 위협할지 모른다는 생각 때문에 많은 사람들로 하여금 성생활을 완전히 포기하도록 할 때가 많은데, 이는 복상사에 대한 공포로 알려진 환상이다.

또한 관상동맥 우회술을 받고 난 이후에 많은 사람들은 실제 존재하는 심장증상과 치료약물의 부작용, 혹은 성관계를 하다가 갑자기 죽게 될지도 모른다는 두려움 때문에 성기능 장애를 갖게 된다.

당뇨병이 있는 모든 남성들에게 발기부전이 있는 것은 아니지만 당뇨는 남성들의 성적 능력에 직접적인 문제를 일으키는 몇 가지 질환 중 하나다. 발기부전은 일반인보다 당뇨병 환자들에게서 2~5배 더 흔하게 생기고 발기부전이 당뇨병의 첫 증상이기도 하다.

남자보다 여자들에게 2배 이상 높게 나타나는 관절염은 전 세계적으로 발생하는 질환이다. 25~50세에 시작되는 류머티스성 관절염이나 중년 이후 발생하는 골관절염이 있는 경우 성관계를 갖는 동안 통증에 시달리게 되고 성생활이 힘들어진다.

노년의 성생활을 위협하는 이러한 질병들은 분명히 장애요소로 작용한다. 그러나 병이 있다고 해서 성적인 욕구나 관심이 사라지는 것은 아니다. 또한 건강을 해치지 않는 범위 내에서 충분히 조심하며 성생활을 할 수도 있고 비아그라와 같은 약물의 도움을 받을 수도 있다.

❧ 음양이 조화를 이룰 때 만물이 편안하다

외환위기 이후 경제적 불평등이 심화되면서 양극화는 시대적 과제가 됐다. 소득격차가 갈수록 확대되며 비정규직 문제가 연일 도마 위에 오르고, 대다수의 20대 젊은이들이 안정된 직장을 구하지 못해 88만원 세대로 전락했다.

이런 양극화 현상은 노인들도 예외가 아니다. 수년 전 실버산업 붐이 일면서 실버타운이 생겨났는데 사람들이 흔히 알고 있는 양로원과는 차이가 있다. 실버타운은 노인들에게 필요한 의료시설과 오락시설, 체력단련시설 등의 각종 서비스 시설을 갖추고 있어 단순한 거주시설의 차원을 넘어 입주자들의 2차적인 욕구까지도 고려한 복합주거단지라 할 수 있다. 입주자들도 저소득층이 아닌 중간소득층과 고소득층의 노인들로, 실버타운은 그들이 낸 입주금만으로 운영이 된다.

이에 비해 양로원이나 요양원은 주로 국공립의 사회단체 법인으로 자체수입이 거의 없이 대부분의 재정을 국가와 지방자치단체의 지원에 의존하고 있다. 최근 들어 환경이 많이 개선되기는 했지만 유료 실버타운에 비하면 편의시설과 서비스 시설이 미비하다. 양로원을 이용하는 대다수 노인은 '일을 계속해서 수입이 있다면 시설에는 들어오지 않았을 것'이라고 말한다. 혼자 살아갈 경제력만 있으면 여전히 시설을 이용하기를 꺼린다는 것으로 가장 마지막으로 찾는 곳이 양로원이라고 해석할 수 있다.

고급 실버타운에서 여유롭게 생활하는 노인들과 달리 양로원에 수용(?)된 노인들은 시설 입소와 함께 성생활이 중단된다. "모두가 함께 하는 공동생활을 위해서는 개인이 참아야 한다."는 원칙에 따라 대학생들의 기숙사 생활이나 젊은 남성의 병영생활에서 성생활이 중단되는 것처럼 노인들의 성생활 역시 금지된다. 그나마 학생들이나 군인들은 기숙사나 군부대 밖으로 나가 성생활을 해결할 수 있지만 노인들은 신체적으로나 사회적으로나 그런 기회를 갖기 어렵다. 따라서 공동생활 시설 내에서 노인들이 어떤 식으로든 성생활을 할 수 있어야 하지만 이를 적극적으로 지원하고 배려하는 시설은 현실에서 찾아보기 어렵다. 그 이유는 노인 생활시설 운영자들의 사고방식에서 찾을 수 있다. '노인이 되면 성생활이 중단된다'는 잘못된 신화가 사람들의 머릿속에 오랫동안 각인된 결과 노인 생활시설에서 일하는 직원들 역시 그 영향에서 벗어나지 못하고 있다.

물론 그들 모두가 노인의 성에 대해 부정적인 태도를 취하진 않을 것이고, 꽤 우호적인 태도를 가진 사람들도 있을 것이다. 그러나 개인적으로는 우호적이라 하더라도 시설을 관리하고 통제하는 입장에서는 우호적인 태도를 견지하기가 어렵다. 노인들의 성생활을 허용했다가 골치 아픈 문제를 만드느니 일률적으로 억제하거나 금지하는 것이 좋다는 행정편의적 발상에 빠지기가 쉽다. 그래서 노인들의 성적 관심을 자연스러운 것으로 간주하기보다는 바람직하지 않은 행태상의 문제로 간주하며 그들의 성생활을 억압하게 된다.

양로원에서는 운영자의 편의상 남자와 여자를 따로 분리해서 수용하는 것이 대부분이다. 그런데 남녀를 분리해서 다른 공간에 수용하는 경우 오히려 다툼이 잦고 분위기가 좋지 않은 경우가 많다. 유치원생이나 초등학생도 남녀가 짝이 되게 앉히면 서로를 의식해 행동을 더 조심하고 교실 분위기가 좋아진다고 한다. 이는 노인들의 경우도 마찬가지다. 서울의 한 양로원은 얼마 전부터 남녀 노인을 한 층에 수용했는데 같은 공간에서 생활하다보니 서로를 의식해서 남자들은 더 의젓해지고, 여자들은 더 조신해졌으며 남녀 모두 전보다 더 외모에 신경을 쓰고 활기가 생겼다고 한다. 또한 짜증을 내는 횟수가 줄어들면서 다투는 일도 줄어들었다고 한다.

일본의 한 노인시설에서 있었던 일이다. 내일 모레면 80을 바라보는 한 여성 입소자가 동년배인 두 남성과 사귀며 삼각관계로 진전되었는데, 그 여성은 두 할아버지를 번갈아가며 침상으로 끌어들였다. 그 사실을 알게 된 두 할아버지는 심야의 혈투를 벌였고 시설에서는 한바탕 큰 소란이 일었다. 이후 시설 측에서는 다른 입소자들을 위해 세 사람에게 경고를 주고 서로 접촉하지 못하도록 철저하게 감시했다. 그러자 세 사람은 생기를 잃고 급속도로 건강이 악화되었고, 사건이 일어난 지 일 년도 채 안 돼 세상을 떠나고 말았다.

노년의 성 혁명

우리의 마음 속에는 발견되지 않은 성격의 대륙이 있다.
자신의 영혼을 탐험하는 콜럼버스가 되는 사람은 복되도다.

노동의 중요성이 큰 비중을 차지하는 사회에서는 노동인구의 재생산을 목적으로 하지 않는 성을 부정하고 도외시하기 마련이다. 노동사회는 놀이를 부정하고 욕망과 쾌락을 체계적으로 부정하면서 성장해왔다. 우리 사회 역시 1970년대까지만 하더라도 허리띠를 졸라매야 하는 노동사회였고, 노인의 성은 물론 여성의 성과 쾌락에 대한 이야기를 꺼내는 것도 힘들었다. 지금처럼 소비의 진작을 위해 레저를 독려하는 사회 분위기나 레저문화는 꿈도 꾸지 못했다.

그러나 이런 생산 일변도의 산업사회는 한계를 드러내기 마련이다. 자연 파괴는 물론 인간의 자연스러운 욕망과 쾌락마저 부정하면서 생긴 문제와 상처들이 그 모습을 곳곳에서 드러내게 되었다. 생산만 하고 소비가 되지 않는 한, 그리고 소비를 할 만한 사회구성원들의 평균적 삶의 질이 풍요롭고 여유가 있지 않는 한 사회는 정체될 수밖에 없는 것이다. 그래서 이제 산업의 발전이나 경제적 이익보다는 삶의 질을, 노동보다는 놀이를, 국가적 의무나 목적보다는 개개인의 욕망과 쾌락을 찾는 시대가 도래하게 되었다. 이와 함께 성은 비로소 노동이라는 갑갑한 옷을 벗어던지고 놀이 혹은 유희로서 욕망과 쾌락의 본모습을 제대로 드러내게 되었다. 독일의 시인이자 철학자인 니체는 이런 말을 남겼다. "만일 성욕이라는 것이 이처럼 맹목적이고 조심성 없고 경솔하여 사려가 없는 성질을 갖지 않았더라면 인류는 사멸하고 말았을 것이다. 원래 성욕의 만족은 종족의 번식하고는 결부되어 있지 않다. 성교 시에 번식의 의도가 수반된다는 것은 터무니없는 말이고 극히 드문 일이다."

노인인구가 많아지는 고령화 사회에서는 생식과 종족보존 혹은 노동인구를 재생산하지 않는 욕망으로서의 성을 인정하고 성의 의미를 수정할 수밖에 없다. 피임기구의 개발은 여성을 섹스에 대한 공포로부터 해방시켜 성과 쾌락의 자유를 가져다 주었고, 비아그라와 같은 발기부전 치료제의 개발은 남성들을 발기 불능의 공포로부터 구제해 주었다. 의학기술이 더 발달하고 고령 인구가 크게 늘어날 미래에는 피임약이나 비아그라보다 진일보한 획기적인 치료제가 개발돼 황혼에도 얼마든지 성을 즐길 있는 시대가 올지도 모른다.

노인의 성은 애초에 임신의 공포로부터 해방된 성이다. 바로 이 때문에 노년의 성은 다른 어느 세대의 성보다 섹스의 순수한 즐거움을 맛볼 수 있고, 쾌락을 얻기 위해 다양한 성적 실험을 시도할 수 있다. 그렇게 본다면 노년의 성은 핸디캡이 아니라 오히려 성생활에 있어서 가장 아름답고 황홀한 과실을 딸 수도 있을 것이다.

⚜ 성의 정년에 관한 논란

사람들은 노인을 탈성적인 인간, 나아가 비성적인 인간으로 보는 경향이 있다. 심지어 문학에서도 이런 편견은 여지없이 드러난다. 전혜린은 "하루 빨리 늙어 욕정 없이 이성을 안을 수 있는 나이가 되었으면 좋겠다."라고 자신의 글에다 썼다. 이는 늙으면 성욕이 사라질 것이라는 막연한 기대나 공상에 지나지 않는데 이런 생각이 그릇된 인식으로 발전하는 것이다. 나이가 들면 이성을 안아도 성욕을 느끼지 못한다고 생각하는 이유는 성욕이 청춘들의 특권이라는 인식 때문이다. 그러나 노인은 결코 비성적인 존재가 아니며 직장생활에는 정년이 있지만 성에는 딱히 정년이란 것이 없다.

얼마 전 서울고등법원은 교통사고로 발기 장애가 생긴 윤 모 씨(47세)가 보험사를 상대로 낸 손해배상 청구소송에서 "윤 씨를 진단한 결과 69세까지 성관계를 지속할 수 있다고 보여 보험사는 22년간의 발기부전 치료비 4800만 원을 보상하라."고 판결했다. 법원은 윤 씨 사례를 모든 남성에게 적용할 수는 없다고 덧붙였지만 판결 직후부터 성관계의 '정년'이 몇 살인가를 두고 논란이 일었다.

당시 법원의 의뢰를 받은 의사는 윤 씨의 신체 상태를 감안하면 60세까지는 주 2회, 69세까지는 주 1회 성관계를 가질 수 있다고 진단했다. 법원은 이 진단을 근거로 "보험사는 윤 씨에게 성관계에 필요한 보형물을 교체하고 삽입하는 비용과 발기부전 치료제인 비아그라를 복용하는 데 드는 비용 등 모두 4800만 원을 지급하라."고 판결한 것이다.

판결 내용이 알려지자 노인들이 자주 찾는 인터넷 커뮤니티에는 '능력'(?)있는 노인들의 항의성 글들이 속속 올라왔다. "70대인 나도 여전히 일주일에 한 번은 부부생활을 하는데, 법원이 성관계 정년을 69세로 정한 것은 옳지 않다. 노인도 활발한 성생활이 필요하고 또한 그것이 가능한데, 성관계 가능 기간을 너무 짧게 산정한 게 아니냐?"라고 말하며 목소리를 높인 어느 할아버지의 글에는 엄청나게 많은 댓글이 달리기도 했다. 또 한편으로는 법원이 원고 윤 씨의 성 정년을 69세로 못박았다고 하지만, 이를 일반적인 남성의 성 정년으로 확대해서 적용하는 건 곤란하다는 주장도 나왔다. 남성들의 건강상태와 성 능력은 사람마다 천차만별이어서, 50대인데도 성 능력 미약자가 부지기수인가 하면 70~80대에 들어서도 성생활을 꾸준히 이어가는 노익장들이 날로 늘어가고 있기 때문이다. 특히 우리나라 남성들의 평균수명이 75세(여자 82세)로 점점 상향곡선을 그리고 있는 현실을 감안하면 남성들의 성 능력도 그에 비례해 연장되고 있다는 사실을 간과해서는 안 된다는 것이다.

이에 반해 "나이 먹을 만큼 먹었는데 도대체 몇 살까지 성관계를 하느냐? 이런 문제를 입 밖에 꺼내는 것 자체가 민망하고 주책맞다."라며 반박하는 글도 올라왔다. 그러자 하루에도 수백 개씩 글이 올라오며 갑론을박이 이어졌고 성에 있어서 과연 정년은 있는가, 만약 있다면 언제라고 할 수 있는가, 혹은 성의 정년은 없다는 등의 의견을 개진하며 게시판이 때 아닌 '성관계 정년' 논란으로 후끈 달아올랐다.

한 통계에 따르면 65세 이상의 남자 노인의 89.4%, 여자 노인의 30.9%가 정상적인 성 기능을 유지하고 있다고 한다. 또 다른 통계에서는 66~70세 노년층의 62.2%가 월 1~5회 성관계를 갖고 있다고 밝혔다. "남자란 밥 숟가락 들 힘만 있어도 여자를 밝힌다."라는 말이 있다. 비슷한 표현으로 "문지방 넘을 힘만 있어도 섹스를 할 수 있다."라는 말도 있고, "지푸라기를 잡을 힘만 있어도 여자 치마 속을 들여다본다."라는 말이 있다. 나이가 들어도 성에 대한 관심과 욕구는 여전하며 당뇨병이나 고혈압과 같은 질환이 없는 경우 90세까지 성 반응이 유지된다는 것이 의학계의 결론이다.

⚜ 성생활은 계속된다

식욕과 성욕은 인간의 가장 기본적인 욕망이라 할 수 있다. 사람들은 매일 무엇을 먹을까 고민하고, 맛집을 찾아다니는 데 비용과 노력을 아끼지 않으며 맛있는 음식을 먹게 되면 더없이 행복해한다. 성욕 또한 이와 비슷하다. 눈에 불을 켜고 맘에 드는 이성을 찾아다니다 드디어 상대가 나타나면 관계를 진전시켜 사랑의 결실을 맺고 욕망을 해소하려고 한다. 살아있는 한 인간은 식욕과 성욕을 채우려고 애쓰기 마련이며 이 두 가지가 없다면 죽은 거나 마찬가지이다.

  그런데 식욕과 성욕에 얽힌 흥미로운 사실들이 있다. 그중 하나는 인간의 식욕과 성욕을 관장하는 뇌 속의 신경부위가 물리적으로 아주 가까이 접해 있기 때문에 서로 밀접한 관계가 있다는 것이다. 오래 전 필리핀에서 수백 명의 기혼녀를 농락한 바람둥이 남성이 체포된 적이 있었는데, 그가 상대를 물색한 기준이 바로 식욕이었다고 한다. 그는 백화점 푸드코트나 뷔페 음식점에서 음식을 잔뜩 쌓아놓고 허겁지겁 먹는 여성이 보이면 다가가서 작업(?)을 걸었고 거의 실패한 적이 없었다고 한다. 흔히 마음이 허전하면 배가 고프다고 하는 것처럼 그 여성들은 남편의 사랑이 부족했고 부부관계 역시 소원했기 때문에 욕구불만을 식탐으로 해소했던 것이다. 이와 반대로 지독한 사랑에 빠지면 몇 끼를 굶어도 허기를 안 느끼며 마음 속이 사랑으로 꽉 차 있기 때문에 안 먹어도 배부른 느낌이 든다. 또한 과식을 해서 포만감이 들면 성욕이 동하지 않는데 이 역시 식욕과 성욕이 밀접한 관련이 있기 때문이다.

  식욕과 성욕에 관한 또 한 가지 흥미로운 사실은 위에서 언급한 것과 연관이 있는데 두 가지 욕구를 관장하는 것이 위장이나 생식기가 아니라 뇌라는 사실이다. 얼핏 생각하면 사람의 위를 전부 들어낼 경우 배고픔이나 식욕이 사라질 것도 같지만 정답은 그렇지 않다. 왜냐하면 식욕을 느끼게 하는 식욕 중추가 위가 아니라 뇌에 있기 때문이다. 이는 성욕도 마찬가지다. 고환이나 난소가 없어도 성욕을 느끼고 경우에 따라 발기도 가능한데 성욕을 관장하는 중추 역시 뇌에 있기 때문이다.

한 통계조사 결과에 따르면 정신노동자들이 육체노동자들에 비해 성욕이 더 강하다고 한다. 왜냐하면 뇌의 활동이 많은 사람들이 성적으로도 더 민감하기 때문이다. 그런데 여기서 뇌의 활동이 많다는 것은 단순히 학력이 높은 것을 의미하지는 않는다. 그보다는 일상과 주변에 대한 관심이 많고 감각이 생생하게 살아있음을 뜻한다. 이렇게 뇌의 활동이 활발한 한 성에 대한 욕구는 당연한 것이다.

대체로 나이가 들면 성 호르몬이 감소하고 발기 능력이 다소 떨어지지만 의식이 또렷하게 살아있는 한 성욕을 느끼는 데는 아무 지장이 없다. 성기능 역시 특별한 질병이 없는 한 90세까지 이어진다고 한다. 한창 나이의 20대나 30대 젊은이들처럼 강렬하고 자극적인 섹스를 즐기지는 못한다 하더라도 그들만의 방식으로 얼마든지 섹스를 즐길 수 있다. 그러므로 노인이 됐다고 해서 성에 대한 관심이나 욕구가 The End라는 자막과 함께 끝나버리는 것은 아니며 노인을 탈성적이고 비성적인 존재로 치부하는 것은 일종의 인권침해이다.

대체로 사람의 노화는 성장이 완료되는 25세부터 이미 시작되는 것으로 알려져 있는데 신체의 노화를 가장 먼저, 그리고 아주 심각하게 느끼게 하는 중요한 반응이 바로 성감의 감퇴다. 남성의 성감의 감퇴는 30대 초반부터 나타나기 시작하지만 여성의 경우는 30대 초반에 성호르몬의 분비가 완성되기 때문에 비로소 성감을 알 수 있게 되어 남성에 비하여 성감의 감퇴기가 늦게 찾아온다. 40대까지 그대로 유지되다가 50대를 지나 점차 감퇴하는 것이 여성의 성감이다. 그러나 이런 일반적인 도식은 인간의 성적 능력을 나타내는 것이지 성에 대한 관심이나 성욕을 나타내는 것은 아니다. 젊은 세대의 격정적이고 불꽃 튀는 섹스만이 전부는 아니며 나이가 들어감에 따라 자신에게 맞는 섹스 스타일을 찾아 즐길 수 있다.

필자는 이 문제를 가지고 나이대 별로 설문조사를 실시한 적이 있었다. 성에 호기심이 많은 청소년기를 제외하면 성에 대해 가장 관심이 많은 나이대는 40대에서 50대 사이였고, 그와 비슷하게 70대에 이르러 성에 대한 관심이 폭증했다. 즉, 40~50대에 절정을 이루고 점차 내리막길을 걷다가 70대에 이르러 제2의 전성기라 할 정도로 성에 대한 관심이 고조되었다. 이는 70대가 바라보는 삶에 있어서의 성의 중요성이 다른 나이대가 인정하는 것보다 큰 폭으로 상승하는 것에서 알 수 있다. 그러므로 노인이 되었다고 해서 전혜린이 생각했던 것처럼 광합성 작용이나 하며 햇볕이나 쬐는 순 식물성 인간이 되는 것은 결코 아니다.

〈사랑할 때 버려야 할 아까운 것들〉이란 영화 속에서 잭 니콜슨은 이성과의 섹스를 위해 심장발작의 위험에도 불구하고 비아그라를 복용한다. "계단을 오를 힘만 있으면 섹스를 해도 좋습니다."라는 의사의 말에 계단을 오르는 운동까지 할 정도다. 노인은 엄연히 성적인 존재이며 그 어느 때보다 성의 중요성을 절감할지 모른다. 언제 어디서나 쉽게 상대를 구할 수 있는 젊은이들에 비하면 노인들은 성행위를 할 기회가 적기 때문에 그만큼 더 절실하다고 할 수 있다.

사람이 늙어갈수록 섹스가 중요하다. 섹스는 쇠퇴해가는 생물학적 과정에 마지막으로 즐거움을 주는 것이기 때문이다. 특히 성행위는 노인의 정서적 건강에 있어 더욱 중요하다. 성교 횟수 자체는 나이가 들수록 감소하지만 성적 만족도 정비례해서 줄어든다고 생각해서는 곤란하다.

이보다 더 좋을 순 없다

　서울 양천구에 사는 김 모 씨(64세)는 신혼 때부터 부모님을 모시고 살아야 했다. 그런데 신혼살림을 차린 방이 부모님 바로 옆방인데다 방음이 잘 안 돼서 부부관계를 할 때마다 서두르는 버릇이 생겼다. 게다가 작은 심볼에 대한 콤플렉스 때문에 위축되어 아내를 만족시켜 주지 못했다. 이대로는 안 되겠다 싶어 정력에 좋다는 음식을 먹어보고 보약도 지어먹었지만 별 효과가 없었다. 그러다 보니 자연히 부부관계가 뜸해졌지만, 다른 부부들도 다 그러려니 하면서 그냥저냥 살았다.
　그런데 김 씨는 얼마 전 동창회에 갔다가 희소식을 들었다. 조루와 왜소 콤플렉스로 밤일이 시원찮은 친구 하나가 음경확대 수술을 받은 후에 효과를 톡톡히 봤다는 거였다. 그 얘기를 들은 김 씨는 바로 이거다 싶었고, 죽기 전에 단 한 번만이라도 아내를 만족시켜 주고 싶은 마음에 수술을 받기로 결심했다.
　수술을 받은 후 김 씨 부부는 젊었을 때보다 금실이 더 좋아져서 〈죽어도 좋아〉라는 영화가 부럽지 않을 정도라고 한다. 갈수록 젊어지는 비결이 뭐냐고 주변 사람들이 물을 때마다 빙그레 웃곤 하는 김 씨는 "나이 들었다고 포기하지 않고 수술받기를 정말 잘한 것 같습니다."라고 말한다.

⚜ 대중문화에 나타난 변화의 조짐들

최근의 한 TV 드라마에서 노년의 로맨스를 실감나게 보여주는 커플이 있다. MBC 〈지붕 뚫고 하이킥〉에 출연하는 이순재, 김자옥 커플이 바로 그들인데 고등학교 교감인 자옥은 60세, 그 학교에 급식을 제공하는 회사의 사장 순재는 72세로 학생들과 가족들의 눈을 피해 몰래 데이트를 즐긴다. 데이트의 기본 코스인 영화 관람은 물론, 수시로 문자 메시지를 주고받으며 닭살멘트도 빼놓지 않는다. 〈지붕 뚫고 하이킥〉의 전편인 〈거침없이 하이킥〉에서 '야동순재'라는 닉네임을 얻은 바 있는 이순재 씨는 나이가 들어도 성적인 관심은 여전하다는 것을 극 중에서 여실히 보여주며 많은 사람들의 공감과 지지를 받았었다.

2008년에 인기리에 방영된 KBS 드라마 〈엄마가 뿔났다〉에서도 이순재와 전양자 커플이 화제가 되었다. 극 중에서 80대인 이순재는 친구의 소개로 만난 60대 초반의 예쁜 할머니 전양자를 보고 한눈에 반한다. 그 후 데이트를 시작한 이순재와 전양자 커플은 사춘기 소년과 소녀 못지않은 순수한 연애 감정을 보여주었고, 두 사람의 리얼한 키스신이 전파를 타기도 했는데 방송 사상 최고령 키스신이라고 한다.

지붕 뚫고 하이킥

엄마가 뿔났다

포털사이트 다음을 통해 연재된 강풀의 만화 《그대를 사랑합니다》는 한국사회에서 소외된 노인들의 가슴 찡한 사랑 이야기를 들려주었다. 폐지 줍는 할머니와 우유 배달을 하는 할아버지의 러브 스토리 속에는 소외된 노인들의 가슴 아픈 현실이 담겨있다.

2003년에 발표된 영국 영화 〈마더〉는 로저 미첼 감독의 작품으로 미국의 뉴욕 타임스는 이 영화를 '2004 최고의 영화 10편' 가운데 하나로 선정하기도 했다. 60대 후반의 나이 든 여성이 젊은 남자와 사랑에 빠진다는 내용인 〈마더〉는 상영 즉시 세간의 관심을 불러 모았다. 노인과 젊은이의 사랑을 다룬 기존의 많은 영화들이 남성 노인과 젊은 여성의 사랑을 다룬 데 비해, 이 영화는 여성 노인과 젊은 남성의 사랑을 다루고 있다. 또한 늙은 여자의 몸을 가감없이 스크린에 드러내고 그 몸을 탐닉하는 젊은 남자와의 대담한 정사장면이 화제가 되었다. 여성 노인과 정사를 나누는 젊은 남자가 실은 딸의 남자친구라는 설정도 파격적이었다. 그러나 이 영화가 보여주고자 한 것은 할머니라고 할 수 있는 나이 든 여성과 젊은 남자의 파격적인 사랑이나 정사가 아니다. 그보다는 자신의 자아를 억누르고 평생을 숨죽여 살아온 여성이 노년에 이르러 자아를 찾는 과정과 그에 따르는 감정의 변화, 그리고 가족들과의 갈등이 영화의 핵심이라고 할 수 있다.

마더

경축 우리 사랑

2008년에 개봉한 우리 영화 〈경축! 우리 사랑〉은 〈마더〉와 어느 정도 닮은 구석이 있다.

주인공은 51세의 평범한 '엄마' 봉순 씨(김해숙). 어느 날 한밤중에 남편과 누웠다가 잠을 이루지 못하고 뒤척이던 봉순 씨가 벌떡 일어나 소리친다. "미안해 여보, 나 사랑하는 사람이 생겼어." 방을 걸어나간 봉순 씨가 당당히 찾아간 것은 문간방에 세 든 20대의 젊은 하숙생이다. '엄마'라는 틀 속에서 무성적인 존재로 살아야 했던 중년 여성의 성적 욕망을 이야기하는 이 영화는 딸에게 버림받은 청년에게 연민을 느끼다가 싹트게 된 사랑을 보여준다. 주위의 만류에도 불구하고 소박하지만 솔직하게 청년과의 사랑을 키워나가는 봉순 씨는 무슨 엄마가 그러냐며 비난하는 딸에게 "나 그 사람 사랑해."라고 당당하게 대답한다.

최근 들어 드라마나 영화, 연극에서 실버로맨스와 그들의 성 문제를 다루게 된 것은 우리 시대의 현실을 반영하는 것으로, 나이가 들어도 젊은 세대 못지않게 연애와 사랑을 추구하는 사람들이 많아진 결과다.

♣ 문제적 그 영화 〈죽어도 좋아〉

2002년 개봉 당시 엄청난 화제를 몰고 온 영화 〈죽어도 좋아〉는 70대 노인들의 사랑과 성이라는 파격적인 소재로 세간의 관심을 불러일으켰고, 실제 부부인 박치규 할아버지와 이순예 할머니를 주인공으로 등장시킨 이례적인 캐스팅으로도 신선한 충격을 던져주었다. 극영화와 다큐멘터리의 경계를 넘어선 〈죽어도 좋아〉는 칸느 영화제 비평가 주간에 공식 초청돼 화제성과 작품성을 두루 갖춘 문제작으로 기대를 모으며 언론의 집중 조명을 받았다. 프랑스 리베라시옹은 "이 영화는 에로틱한 감동으로 관객을 동요시키는 사랑의 찬가다. 할아버지, 할머니 만세!!"라며 극찬을 아끼지 않았고 금기에 도전한 영화로 평가받았다.

외로운 일상 속에 하루하루를 의미없이 살아가던 박치규 할아버지는 어느 날 공원에 갔다가 자신의 이상형인 이순예 할머니를 우연히 만나게 된다. 할아버지는 할머니에게 뜨거운 눈길을 보내고 둘은 한눈에 서로 반한다. 길지 않은 인생, 불필요한 연애기간은 그들에게 필요없어 보인다. 그래서 할머니는 장구 한 채와 작은 옷 보따리 하나만을 달랑 들고 할아버지 집으로 들어간다. 냉수 한 그릇을 떠놓고 결혼사진을 한 방 박고는 바로 신혼생활이 시작된다. 나이 들면 뜨거운 밤이 없다는 것은 이들 할아버지와 할머니에게는 예외로, 두 사람의 신혼은 누구보다도 뜨겁고 열정적이다.

죽어도 좋아

〈죽어도 좋아〉는 나이 든 노인들에게 섹스는 얼토당토않다는 잘못된 생각을 과감히 뒤집는 도전적인 작품이지만 노인들의 성과 사랑을 조명하면서 과장하지도, 미화하지도 않는다. 사실을 있는 그대로 드러내기 위한 노력은 영화 곳곳에서 보여지는 롱테이크나 자연광을 이용한 조명, 딥 포커스, 연기 경험이 전무한 할아버지와 할머니의 서투른 연기에서도 잔잔하게 묻어난다.

아름다운 육체를 가진 젊은 사람들도 아니고, 쭈글쭈글한 노인의 몸이 스크린을 가득 채운 가운데 그들의 적나라한 성행위를 지켜보는 것이 어떤 이들에게는 조금 불편할 수도 있다. 젊은 남녀의 정사 장면은 눈을 부릅뜨고 보지만 노인들의 그것은 저도 모르게 시선을 돌려버리는 이들에게 이 영화의 감상법을 하나 소개할까 한다. 그저 객관적인 구경꾼이 되어 영화 속 할아버지와 할머니를 멀찌감치 떨어져서 볼 것이 아니라, 자신도 언젠가는 노인이 된다는 피할 수 없는 사실을 떠올리며 주관적 참여자가 되어 영화를 감상하는 것이다.

노년의 성, 왜 중요한가

정열은 강이나 바다와 가장 비슷하다.
얕은 것은 소리를 내지만 깊은 것은 침묵을 지킨다.

노인의 삶의 만족도는 노인이 관련되어 있는 생리적·심리적·사회적 조건 속에서 노인 자신의 과거·현재의 전반적인 삶에 대한 기대와 현실적인 충족감의 합치 여부에서 오는 주관적인 만족감이다. 성생활은 신체적 행위일 뿐 아니라 심리적·사회적인 요인도 크게 작용하는 것이 사실인데 노년기의 성과 삶의 질은 밀접한 관계가 있다. 능동적이고 적극적인 성생활과 친밀한 관계를 즐기는 노인은 그렇지 않은 노인에 비해 삶의 만족도가 높다고 한다. 또한 소외감을 느끼는 노인들 중 상당수가 성을 통해 삶의 존재 이유, 자신이 살아서 기능하고 있음을 확인한다고 한다.

최근의 연구에 의하면 노년기의 꾸준한 성생활은 노화로 인한 부정적인 증상을 완화시킬 수 있다고 한다. 건강 상태와 연령에 알맞게 성생활을 지속하는 것은 고독감과 우울증을 억제하고 정신 건강을 증진시키는 데 효과적이다. 장수하는 사람들을 보면 부부 모두가 오래 살고 있는 경우가 많은데 소식과 적당한 노동, 그리고 꾸준한 성생활이 비결이라고 한다.

구 소련의 장수연구위원회에서 수천 명의 대상자들을 연구 분석한 결과, 60세까지 성생활을 꾸준히 해온 사람들은 8~10년간 수명이 더 연장됐다고 한다. 또 60~80세 사이에서는 성 호르몬의 양과 성욕이 줄어들지만 오히려 80세가 지난 뒤에는 성 호르몬의 양과 성욕이 뚜렷이 증가되어 90세에 이르러서는 50세 안팎의 수준에 달했다. 이 시기에 한 달 이상 성욕을 억제하면 도리어 건강에 나쁜 영향을 주는 것으로 밝혀졌고, 성관계를 가진 노인들 중 70%가 섹스 후 4~6시간이 지나면 관절통이 줄어들었다고 한다.

성생활은 사랑의 표현이며 육체와 정신을 젊게 하고 새로운 아이디어를 생산하게 만든다. 성생활은 부부 간의 사랑, 즐거움, 휴식, 운동, 이 모든 것이 결합된 것으로서 아무 생각 없이 아침 달리기를 하는 것보다 훨씬 더 중요하다. 나이가 들수록 성 호르몬의 분비가 감소됨에 따라 성 기능과 생식능력이 감퇴되긴 하지만 지난날의 생활체험, 심리적인 영향 등은 노인들로 하여금 꾸준히 성적인 사랑에 대한 갈망을 느끼도록 만든다. 따라서 몸은 젊은 날과 달라졌어도 체험과 정신적인 만족으로 메워가면서 충분히 성적인 사랑을 나누고 즐길 수 있다.

섹스는 건강에 해롭지 않다

얼마 전 우리나라에서 60세 이상 노인 300명을 대상으로 설문조사를 벌인 결과 조사 대상 노인 중 배우자가 있는 노인의 51%가 성생활을 하고 있다고 응답했다. 그런데 재미있는 것은 노년의 성생활을 찬성하는 입장과 반대하는 입장 모두 건강상의 이유를 꼽고 있다는 것이다. 노년기의 성생활을 찬성한 노인들의 40%가 "성생활이 노화방지 및 건강에 도움이 된다."고 했다. 그리고 성생활을 반대한 노인들의 25%가 "성생활은 건강에 해롭기 때문에 삼가는 것이 좋다."라고 반대 이유를 들었다. 그렇다면 어느 쪽이 옳은 것일까? 노년기의 성생활은 건강에 유익할까? 혹은 해로울까?

노년의 성생활이 건강에 해로울 것이라는 입장은 주로 과도한 흥분에 의한 심장발작을 문제 삼는데, 심장에 문제가 있는 노인이라면 분명 조심해야 한다. 그러나 병원에서 진단한 결과 심장에 별 문제가 없는 것으로 밝혀진 노인들에게는 전혀 그렇지 않다. 오히려 적당한 성생활은 호르몬을 분비해 노인들의 면역체계를 강화하는 데 도움을 준다. 남성 노인의 경우 규칙적인 성생활이 전립선 질환을 예방하고, 여성 노인의 경우 골다공증 예방에 도움이 된다는 연구결과도 나와 있는 상태다. 또한 성생활은 뇌를 자극해 치매와 건망증도 막아준다.

남자가 섹스를 많이 해서 정액을 많이 배출하게 되면 결국 고갈이 되어 성 기능이 일찍 퇴화한다는 속설이 있는데 이는 근거없는 낭설에 불과하다. 남자의 정액은 독 안에 든 고인 물 같은 게 아니라 성적인 자극에 의해 솟아나는 샘물 같은 것이다. 그렇기 때문에 오히려 자극이 없고 관계가 없으면 고갈되는 것일 뿐, 애초에 양이 한정되어 있어서 고갈되는 성질의 것은 아니라는 이야기다.

성생활은 엔도르핀을 분비시키고 삶에 활력을 불어넣어 주며 노후에 긍정적인 자아 정체성을 형성하는 데 중요한 역할을 한다. 성생활이 노인의 건강을 해친다는 것은 노인들의 성에 대한 잘못된 정보에 근거한 미신일 뿐이다.

⚜ 섹스가 좋은 10가지 이유

건강한 사람은 나이가 들어도 왕성한 성생활을 즐긴다는 것은 누구나 다 아는 사실이다. 대부분의 사람들은 건강하기 때문에 나이 들어서까지 성생활을 즐긴다고 생각하지만, 성 의학자들은 섹스를 자주 하기 때문에 더 건강해졌다는 측면도 무시할 수 없다고 한다. 섹스는 그 어떤 운동보다 육체 건강에 좋으며 그 어떤 취미활동보다 정신건강에 좋은데, 섹스가 좋은 10가지 이유는 다음과 같다.

첫째, 섹스는 그 어떤 운동보다 칼로리 소모가 많다. 일반적으로 10분간 섹스를 했을 때 소모되는 열량은 90kcal로 등산35kcal이나 에어로빅45kcal보다 열량 소모가 2~3배 많으며 테니스71kcal보다도 많다. 운동 효과로 보면 조깅88kcal이나 농구90kcal와 비슷하다. 섹스는 100m를 전력 질주할 때와 비슷한 운동효과가 있어 심장을 튼튼하게 만들어준다.

둘째, 섹스는 노화를 방지한다. 일주일에 3번 이상 섹스를 하는 사람은 평균 10년은 더 젊다고 한다. 섹스할 때 분비되는 성장호르몬이 체지방을 줄이고 근육을 늘려주기 때문이다. 또 오르가즘과 사정 직전에 노화방지 호르몬인 DHEA의 혈중 농도가 평소의 5배에 이른다는 연구 결과도 발표된 바 있다.

셋째, 섹스에는 강력한 진통효과가 있어서 편두통을 비롯한 각종 통증을 완화해준다. 이런 효과는 절정의 순간과 그 직전에 분출되는 엔도르핀과 옥시토신 때문으로 추정된다. 과격하지 않은 부드러운 섹스는 '통증의 문턱(통증을 참아내는 한계)'을 높여서 두통, 관절통, 치통 등 각종 통증을 완화한다.

넷째, 섹스는 면역력을 높여준다. 미국 윌크스 대학 연구팀에 의하면 일주일에 1~2회 섹스를 하면 면역 글로불린A의 분비량이 늘어나 감기나 독감 등 호흡기 질환에 대한 저항력이 강해진다고 한다. 또한 미국 피츠버그 대학 연구팀이 동일한 치료를 받고 있는 유방암 환자들을 관찰한 결과 정기적으로 섹스를 하는 그룹이 섹스를 하지 않는 그룹에 비해 치료효과가 뛰어났다고 한다. 그 이유는 성적 흥분 상태가 되면 암세포를 죽이는 T임파구가 백혈구 내에서 순식간에 증가하기 때문이다.

다섯째, 섹스는 뼈를 튼튼하게 한다. 매주 성관계를 갖는 여성은 그렇지 않은 여성에 비해 월경주기가 더 일정하며, 여성호르몬인 에스트로겐 분비도 두 배 정도 증가해 골다공증을 예방하는 효과가 있다. 에스트로겐은 칼슘의 흡수율을 높임으로써 뼈밀도 유지에 결정적인 역할을 한다. 또한 섹스는 남성에게 남성호르몬인 테스토스테론의 분비를 증가시켜 뼈와 근육의 발달을 돕는다.

여섯째, 섹스는 혈압을 떨어뜨리는 효과가 있다. 100m를 전력 질주하는 것과 비슷한 운동효과가 있는 섹스는 심폐기능을 높여 혈압을 떨어뜨리고 결과적으로 심장병이나 뇌졸중의 위험을 감소시킨다. 혈압이 높은 사람에게 섹스는 복상사의 위험도 있지만 최근의 조사결과에 따르면 잦은 성행위가 심장병을 오히려 예방하는 것으로 나타났다.

일곱째, 섹스는 정신적으로 사람을 안정시키고 우울증을 완화해준다. 섹스를 하고 나면 사람을 이완시키는 부교감 신경이 자극돼 정신적으로 안정을 찾고 숙면에도 도움이 된다.

여덟째, 섹스는 전립선 질환을 예방한다. 섹스를 통해 정액이 배출되지 않고 정체되면 정액의 30~40%를 만들어내는 전립선에 병이 생길 가능성이 높아진다. 잦은 사정은 전립선암 발병을 줄이는 효과가 있으며 전립선암의 예방을 위해서라도 남성들이 섹스 또는 자위행위를 할 필요가 있다는 주장이 있다.

아홉째, 섹스는 다이어트 효과가 있다. 칼로리 소모가 많은 것도 그렇지만 그보다 더 중요한 것은 쾌감에 반응하는 뇌 부위가 섭식 중추와 겹쳐 있어서 성욕이 만족되면 불필요한 식욕이 억제되고 포만감을 주기 때문이다. 스트레스가 심하거나 욕구불만에 시달리는 사람들 중에 폭식을 하는 사람들이 있는데 섹스가 해법이 될 수도 있을 것이다.

마지막으로 섹스는 상처를 치료하는 효과가 있다. 섹스를 할 때 분비되는 옥시토신은 특정 세포를 재생시킴으로써 당뇨병 등으로 인한 고질적 상처를 빨리 낫게 하는 효과가 있다.

⚜ 성이 없으면 빨리 늙는다

　노년의 성생활에 대해서 조사하다가 노인 공동주거 주택에서 일어난 이야기를 듣게 되었다. 노인들 여럿이 생활하는 곳에 한 노인 부부가 들어와 살게 되었는데 할머니 쪽이 치매에 걸렸다고 했다. 그런데 어린 아이처럼 행동하는 이 할머니가 밤이면 밤마다 다른 할아버지 방에 들어가 자고 나오는 것이었다.

　이 때문에 자원봉사자들이나 간호사들은 무척 당황했다고 한다. 할머니를 강제로 말리려고도 했지만 가두어두지 않는 이상 한계가 있어서 결국 할아버지에게 이 사실을 말했다고 했다. 그러자 할아버지는 자기도 속상하지만 치매에 걸린 노인인데 무슨 뾰족한 수가 있겠느냐고 하더라는 것이다. 밤마다 이방 저방을 찾는 치매 할머니 때문에 그곳에 함께 사는 할아버지들 사이에서 다툼과 분쟁도 많이 일어났다고 하는데 치매에 걸렸어도 할머니의 성욕이 왕성하더라는 말을 들었다.

　그 이야기를 듣는 순간 필자는 유아기의 성욕에 대해 생각했다. 성기기를 경험한 이후인 이상 유아기의 성욕과 꼭 같지는 않겠지만 치매에 걸린 그 할머니의 성욕은 유아기 때의 순수한 성욕의 발현과 같았을 것이다. 이는 성욕이 노년기의 성 능력 쇠퇴나 신체 능력의 쇠퇴와는 큰 상관성이 없다는 것을 단적으로 보여주는 예이다.

　서울 관악구에 사는 최영달 씨(66세)와 조미옥 씨(63세)는 2년 전 재혼을 한 부부다. 두 사람은 동년배보다 한참 젊어 보여서 남들의 부러움을 사고 있는데 그들이 젊고 활기차게 사는 비결은 규칙적이고 지속적인 부부관계라고 한다. 이들은 다른 건 몰라도 일주일에 한 번씩 꼭 관계를 갖자는 것을 결혼 전부터 약속했고 지금까지도 잘 지키고 있다. 남편인 최 씨는 등산과 자전거 타기로 꾸준히 운동을 하며 건강관리를 해서 아내와의 약속을 앞으로도 쭉 지킬 거라고 장담한다. 아내인 조 씨는 요가와 십자수가 취미인데, 한 땀 한 땀 정성들여 십자수를 놓는 동안 괄약근을 조이는 케겔운동을 할 만큼 부부관계에 적극적인 모습을 보여준다. 이들 부부가 동년배보다 더 젊고 건강해서 성생활을 즐기는 것인지, 아니면 성생활을 해서 더 젊고 건강한 것인지 뭐라고 확언할 수는 없지만 지속적인 성생활과 건강이 밀접한 관계가 있고, 성생활이 노년의 삶에 활력을 주어 오히려 노화를 늦춘다는 데 이견이 없을 것이다.

노년의 성생활을 연구한 학자 알렉스 컴포트는 성적 기능이 인간의 다른 어떤 기능보다 오래 지속되는 기능이며 그 욕구와 능력은 평생 지속되는 것이라 했다. 성 기능을 담당한다고 알려진 고환이나 난소가 쇠퇴한다 하더라도 인간의 성욕은 성 기관에 영향을 받는 것보다 대뇌의 기억, 연상, 정서, 경험 등에 더 큰 영향을 받는다고 한다.

한때 섹스가 다이어트 효과가 있다는 등의 연구 보고서가 나와 젊은 이들 사이에 주목을 끈 적이 있다. 그러나 노년에 있어 섹스는 보다 더 큰 건강상의 이점이 있다. 노인들에게 섹스는 삶의 존재 이유를 확인시켜 주는 것으로 노년의 성욕이 충족되지 않을 때 노인의 퇴행이 가

속화된다. 또한 노년의 섹스는 관절염 치료를 돕는 등 신체 건강상의 이점도 있다. 이 정도면 "섹스를 하면 젊어진다."라거나 "섹스의 만족도는 삶의 만족도"라는 구호가 절대 과대포장이 아님을 알 수 있다. 성기능이 고장 났다고 해서 성생활을 포기할 필요는 없다. 왜냐하면 성욕은 다양한 방식으로 만족될 수 있기 때문이다.

⚜ 사용하라, 그렇지 않으면 녹슨다

프랑스의 학자인 라마르크는 1809년 《동물철학》이라는 저서에서 생물학사상 처음으로 생물 진화에 대한 이론을 체계화한 용불용설用不用說을 발표했다. 용불용설에 의하면 개체에서 자주 사용되는 기관은 발달하고, 반대로 그다지 사용되지 않는 기관은 차츰 퇴화하며 획득형질이 유전의 원인이다.

예를 들어, 기린은 처음에는 현재처럼 목이 길지 않았지만, 좀 더 높은 곳에 있는 나뭇잎을 먹기 위해 목을 길게 늘이려고 노력하는 내부의 생명력으로 점차 목이 길어진 것이고, 이렇게 획득된 형질이 다음 자손에게 전달된다는 것이다. 용불용설은 당대에는 꽤 설득력이 있었지만 다윈의 '자연선택설'이 등장한 후 도태되었고 학습에 의해 후천적으로 획득한 형질은 유전되지 않는다는 것을 설명하지 못한다.

그럼에도 불구하고 용불용설은 우리네 일상생활에서 이론이라기보다는 속설로서 상당한 설득력을 가진다. 운동을 꾸준히 하면 근육이 발달하고 운동을 안 하면 근육이 쇠퇴하는 것처럼, 혹은 기계나 가전

제품을 오랫동안 사용하지 않으면 오히려 고장이 나는 것처럼 성생활을 오랫동안 하지 않는 것도 정력을 떨어뜨리는 원인이 된다. 체력과 나이를 고려하지 않은 과도한 성생활도 나쁘지만, 너무 오랫동안 성생활을 하지 않는 것도 성기능에 좋지 않다. 이와 관련해 의사들이 즐겨 쓰는 표현에 "Use it, or lose it!"이라는 말이 있다. 말 그대로 "사용하라, 그렇지 않으면 잃는다!"라는 것이다. 우리 신체의 모든 기능이 그러하듯이 성 기능에도 사용하지 않으면 퇴화한다는 용불용설이 어김없이 적용된다.

정력이 넘치는 젊은 시절에는 오랜 기간 섹스를 하지 않아도 큰 문제가 없지만 성 기능이 떨어진 중년 이후에는 돌이킬 수 없는 결과를 초래할 수도 있다. 실제로 만족스러운 섹스를 한 이후 48시간 동안은 호르몬 수치가 약 50%로 여전히 높은 상태에 있다. 따라서 자신의 체력에 맞는 규칙적인 섹스는 그 자체가 성 기능의 감퇴를 막는 훌륭한 처방이 될 수 있다.

대체로 나이가 들면 섹스의 질과 양이 모두 후퇴한다. 노화에 부수되는 미세혈류 순환 장애로 성 실행력과 성적 만족도가 모두 떨어진다. 이 때문에 성적 흥미가 감소하고, 성적 자극에 대한 반응이 둔화되며, 정액량이 줄고, 정액 분출력도 약해진다. 또 사정을 하고난 후 새로운 성적 자극으로 다시 발기되는 데 소요되는 시간도 길어진다.

하지만 노화가 남녀의 성 기능을 정지시킬 순 없다. 육체의 노화는 피할 수 없다 해도 섹스에 대한 관심과 관리를 게을리하지 않는다면 죽는 순간까지 성의 즐거움을 누릴 수 있다. 성기를 정적 상태로 방치하지 말고 자주 활용하여 동적 존재로 만들면 성기의 유효기간을 연장할 수 있다. 그러기 위해선 축구선수가 하체 근육을 단련시키고 기술 개발을 위해 노력을 하듯, 규칙적인 발기로 발기의 기동력과 강직도를 유지하도록 노력해야 한다.

특히 여성 파트너는 남성의 성 능력에 지대한 영향을 미치는데 아내의 태도에 따라 남편의 성 기능이 50대도 채 넘기기 전에 조기 퇴화할 수도 있고, 반대로 60~70대 이후에도 주기적인 성생활이 가능할 만큼 건강한 성능력을 유지할 수도 있다. 아내가 섹스를 회피하고 몸을 움츠리면 남편 역시 움츠러들게 되고 결국에는 성 기능이 퇴화되어 못쓰게 될 수도 있다.

성이 바로 서야 삶이 바로 선다

만약 한 사람의 인간이 최고의 사랑을 성취한다면
그것은 수백 만의 사람들의 미움을 해소하기에 충분하다.

600년의 세월 속에서도 위풍당당했던 숭례문이 방화로 소실된 사건이 있었다. 안타까운 마음으로 시커멓게 타버린 숭례문을 바라보던 사람들을 더욱 놀라게 한 것은 방화를 저지른 범인이 70살의 노인이라는 사실이었다. 범인은 토지보상금을 적게 받은 것에 불만을 품고 방화를 저질렀다고 했다. 또 얼마 전에는 광주에 사는 한 노인이 명절이 되어도 찾아오지 않는 자식들 때문에 화가 나서 자신의 집에 불을 지른 사건이 있었다. 경제적인 고충 때문에 일어나는 사건도 꼬리를 물고 있다. 충남의 한 79세 노인이 사위가 2년 동안 요양원에 입원시킨데다 용돈 얘기에 사위가 핀잔을 주자 격분해 사위를 흉기로 찔러 숨지게 했다.

노인들의 성범죄 또한 늘고 있는데 가장 끔찍한 사건이 70세 어부가 저지른 보성 연쇄살인사건이다. 어부 오 씨는 여행온 여성들을 배 위에서 성추행하려다 실패하자 20대 남녀 4명을 바다에 빠뜨려 살해했다. 오 씨는 살해 등의 혐의로 기소돼 사형을 선고받은 상태인데 키가 165cm 가량으로 왜소한 체구의 칠순 노인이지만 그의 육체적 나이는 50대 못지않다고 한다.

불행히도 각종 통계자료에 따르면 우리 사회의 노인 범죄가 해가 갈수록 가파르게 증가하고 있다. 1996년부터 2006년까지 10년 동안 노인 범죄자가 1996년 2만 7,720명에서 2006년 10만 1,199명으로 3.6배 이상 증가했고, 특히 강력범죄와 살인, 성폭력범이 증가하고 있다고 경찰청은 밝혔다. 과거 사회적 약자로서 범죄의 피해 대상이었던 노인들이 이제는 가해자로 변해 가고 있다.

이러한 노인 범죄의 증가는 고령 인구가 급격하게 늘어나고 있는 현실을 반영하고 있다. 노년에는 배우자의 죽음, 건강 악화, 은퇴, 빈곤, 사회적 고립 등으로 인해 개인의 열망과 현실적인 기대치가 불일치를 이루기 쉽다. 또한 핵가족화로 인해 노인들이 무관심하게 방치되고 사회적 결속감이 저하된다. 이렇게 되면 좌절과 분노가 적절하게 해소되지 못해 노인 범죄로 이어질 수 있다.

범죄는 개인적인 문제이기도 하지만 사회적인 책임이 전혀 없다고 말할 수는 없다. 따라서 노인범죄를 줄이고 예방하기 위해 노인문제의 가장 근본적인 원인인 소외감을 해소할 수 있어야 하고 그들이 인권의 사각지대에 내몰리지 않도록 대책을 세워야 한다. 평균수명 연장과 의료기술의 발달로 과거보다 건강해진 노인들에게는 사회적인 역할이 절실히 필요하다. 따라서 자원봉사와 일자리를 활성화시켜 노인들의 경제적·사회적 역할을 높임과 동시에 기초노령연금, 노인요양보험 등 사회복지를 강화시키는 구체적인 실천방안이 필요하다.

특히 노인 성범죄는 이전에 비해 더 젊고 건강해진 노인들의 성 욕구는 증가하는 반면 사회적인 편견과 억압으로 욕구를 해소할 방법이 없기 때문에 증가하는 양상이다. 성매매 금지법으로 인해 마지막 비상구마저 닫혀있는 것 또한 노인 성범죄 증가에 한몫하고 있다.

일찍이 노자는 "천지가 서로 결합하여 달콤한 이슬을 내린다."고 했다. 또 누군가는 "지난밤 전 인류가 만족한 섹스를 했다면, 이 세상은 평화로워졌을 것이다."라고도 했다. 노인의 성을 은폐하고 부정하는 태도는 명백한 인권침해이며 개인적인 차원을 넘어서 크나큰 사회문제를 야기할 수 있음을 명심해야 한다.

♣ 소리없이 늘어나는 성병

질병관리본부에 따르면 우리나라 전체 성병 감염자는 지난 2002년 32,876명이던 것이 해마다 줄어 2006년에는 12,824명으로 줄었다고 한다. 그러나 65세 이상의 노인 성병감염자는 계속 늘고 있다. 서울 종로구가 2006년 종묘공원에 나오는 노인 205명을 대상으로 실시한 성병 감염실태 조사에 따르면 약 8.8%가 매독에 감염된 것으로 나타났다. 또한 치명적 질병인 에이즈에 걸리는 노인도 더욱 빠른 속도로 늘고 있다. 2002년에 노인 에이즈 감염자는 8명에 불과했지만 2006년에는 39명을 기록했다. 전체 에이즈 감염자 중 노인 비율도 2002년 2.01%에서 2006년에는 5.19%로 2배 이상 늘었다.

특히 서울의 종묘공원은 노인들의 '성 해방구'로 전락한 지 오래로, 경찰의 지속적 단속에도 불구하고 일명 '박카스 아줌마'와의 성매매가 끊이지 않는다고 한다. '박카스 아줌마'란 박카스 한 병을 팔면서 남성 노인들에게 은밀하게 성매매를 제안하는 50, 60대 중·노년 여성들을 일컫는 대표적인 속어다. 이들은 10여 년 전 서울 탑골공원에 처음으로 등장했다.

종묘공원에서 성매매에 나서는 여성은 대략 200명 정도로 추산되는데 주로 '박카스 아줌마'나 조선족, 노숙인, 지적장애인 등이다. 연령대는 젊게는 20대에서 많게는 80대까지 다양하다. 종묘광장 관리사무소 관계자는 "그래도 '박카스 아줌마'들은 피임기구를 쓰지 않으면 성관계를 아예 갖지 않는다지만 조선족 성매매 여성 등은 성병 사각지대에 놓여 있다."라고 말한다.

경찰과 구청은 콘돔 나눠주기 등의 캠페인과 호객행위 단속을 병행하고 있지만 성매매는 전혀 수그러들 기세가 아니다. 종묘공원에서 성매수를 하는 노인들은 원초적인 욕구를 배출할 길이 없다고 하소연한다. 종묘공원에서 만난 이 모 씨는 "죽을 날이 얼마 남지 않았는데 성병이 대수냐"라고 말하고, "임질은 약 먹으면 금방 낫고, 매독은 잠복기가 7년이라지만 그때까지 살지도 모르는데 성병이 무섭겠느냐"라고 말하는 노인도 있다.

종묘공원을 자주 드나들던 문 모 씨(69세)는 자신에게 접근해오는 비아그라 판매자에게 속아 그동안 아껴온 용돈을 털렸다고 한다. 최근에 사귀기 시작한 최 모 할머니와의 달콤한 시간을 위해서 아낌없이 투자를 했지만 가짜 비아그라인지라 할머니와 사랑을 나누려는 결정적인 순간에 물건이 서기는커녕 물렁해졌고, 할머니의 핀잔을 들어야 했다. 이에 화가 난 할아버지는 자신에게 가짜 비아그라를 팔았던 남자를 찾아보려고 노력했지만 헛수고만 하고 말았다.

지금의 60대 이상 노인들은 제대로 된 성교육을 받지 못하고 자란 세대라 성병에 무감각하다. 또한 노인이라는 체면 때문에 성병에 걸렸다고 말도 못하고 혼자서만 끙끙 앓으며 치료받을 엄두를 내지 못한다. 서울 종묘공원 인근 약국들의 경우 예전에는 약국마다 하루 평균 5~6명의 할아버지들이 항생제를 사러 왔는데 의약분업 이후 처방전이 없으면 약을 살 수 없게 되자, 항생제를 사러 오는 노인들이 사라졌다고 한다. 의약분업으로 약을 사는 데 더 많은 비용이 들기도 하지만 병원을 찾아가서 성병에 걸렸노라고 말했다가 노인네가 주책이라며 비웃음을 당할까봐 위축이 되어 치료를 포기하는 것이다. 이런 식으로 성병이 감춰지거나 은폐되기 때문에 오히려 전염이 잘 돼 다시 성병에 걸리는 악순환이 일어난다.

유교적 전통으로 인해 금욕을 강요받아 온 노인들은 스스로도 성에 떳떳하지 못하고 수치스러워하는 경향이 있다. 그러나 성병에 걸렸다는 사실이 부끄러워서 감추다 보면 상태가 더욱 악화되고 이를 계속 방치하다 돌이킬 수 없는 결과가 생길 수 있다.

⚜ 노인들에게도 구성애가 필요하다

　평균 수명이 늘어나고 발기부전 치료제 복용이 일반화되면서 노인의 성이 주요 이슈로 떠오르고 있다. 인구보건복지협회가 개최한 '노인의 성 건강 증진' 세미나에서 발표된 자료에 따르면 노인 성상담 중 남성 노인의 성기능 장애에 관한 상담이 1위, 부부간 성 갈등 문제가 2위, 이성교제 문제가 3위를 차지했다. 인구보건복지협회는 그동안 성상담 전화를 운영해오다 노인들의 상담이 늘어나자 올해 5월부터 노인 성상담 전화를 따로 개설했다. 상담 전화를 거는 노인은 남성이 여성에 비해 3배 많았고, 연령별로 보면 60대가 가장 많았지만 70대 이상도 결코 적지 않았다.

　70대 노인의 상담사례를 분석한 결과 젊은 층의 고민과 크게 다르지 않았다. 72세의 할머니는 "남편이 술에 취해서 밤에 일방적으로 성관계를 요구하며 자꾸 괴롭히는데 어떻게 대처해야 하나"라고 물었고, 70세의 할아버지는 "비아그라를 복용하면서 동시에 보조기구도 사용해 볼까 하는데 몸에 별 이상은 없겠는가"라고 물었다.

　성병에 관한 상담도 날이 갈수록 늘고 있다. 70대의 한 남성은 아내와 사별하고 혼자서 외로움을 달래다가 최근에 애인이 생겼다고 한다. 그런데 애인과 관계를 갖고 난 후 성기 주위가 가렵고 따갑더니 수포 비슷한 게 생겼다고 한다. 하지만 병원에 가기는 부끄럽고 해서 그냥 참고있는데 이러다 잘못되지 않을까 걱정된다는 이야기를 털어놓았다.

　노인의 성 문제를 감추기보다는 지속적인 성교육을 실시해 해결해야 한다는 목소리가 높다. 노인들에게 성교육이 제대로 이루어지지 않으면 인간으로서 올바르지 못한 성 태도나 성 가치관이 형성되어 건강한 삶을 살아가는 데 장애가 되고, 범죄로 이어질 경우 심각한 사회문제가 생길 수 있다. 오늘날의 노인들은 출생에서 노년에 이르기까지 급격한 사회적 변화를 경험한 사람들이다. 이들은 유교적 영향 아래서 전통적으로 남성 중심적인 성 가치를 학습하고 실행하면서 젊은 날을 보냈다. 그러나 격변의 시기를 거치며 오늘날 새로운 성 가치가 받아들여진 상황에서 성에 대한 충분한 교육을 받지 못해 잘못된 성 행동을 보일 수도 있다.

노인 성교육은 노인에게 적합하게 재정의되고 교육되어져야 한다. 노인 성교육은 인간 발달단계의 마지막 단계인 노인으로서 신체적·심리적·사회적으로 변화화는 성을 이해하고, 성에 대한 올바른 지식을 습득하며 노년기 성의 개념과 노년기의 성적 변화, 노년기 성의 중요성, 성 욕구 및 성 행동, 성에 대한 태도, 사회적 및 노인 스스로의 편견, 성 기능장애, 성병과 이를 예방하기 위한 성지식, 노년기에 행복한 부부생활을 하는 법 등을 포함한다. 노년기 성을 음지에서 양지로 끌어내 일탈 행동을 미연에 예방하고 성이 삶의 만족도를 높이는 수단으로 잘 활용되는 데 성교육은 꼭 필요하다고 본다.

수년 전 성 상담 전문가 구성애 씨의 강의가 세간에 화제를 모은 적이 있었다. 거침없는 말솜씨와 재치있는 표현으로 가려운 곳을 시원하게 긁어주며 청소년 성교육에 앞장섰던 구성애 씨가 노인들에게도 필요한 시점이다.

·
·
·

길이 끝나는 곳에서도 길이 있다
길이 끝나는 곳에서도 길이 되는 사람이 있다
스스로 봄길이 되어
끝없이 걸어가는 사람이 있다

−정호승의 시 〈봄길〉 中에서

성은 노년의 활력
공부하듯 성을 배우고 익혀라
성의 위기, 어떻게 극복할 것인가
건강한 몸이 최고의 정력제

황혼의 성은 즐겁다

Part 3

성은 노년의 활력

사랑의 고뇌처럼 달콤한 것이 없고, 사랑의 슬픔처럼 즐거운 것이 없으며,
사랑의 괴로움처럼 기쁜 것은 없다. 그리고 사랑에 죽는 것보다 더한 행복은 없다.

옛날 중국에 덕이 높은 제후가 있어 깨달음의 세계를 터득하고자 전국 각지에서 덕망이 높은 승려와 도사 열 명을 초대하여 연회를 베풀었다. 흥취가 무르익자 장난끼가 발동한 제후는 승려와 도사들의 남근에 작은 북을 매달아 놓고서 나신의 미녀들로 하여금 그 앞에서 농염한 춤을 추게 하였다. 그러자 아홉 명에게서 북소리가 요란하게 둥둥둥 울렸는데 유독 한 승려만은 전혀 북소리가 울리지 않는 거였다. 얼마나 득도의 경지에 이르렀으면 실오라기 하나 걸치지 않은 미녀가 눈앞에서 춤을 추는데도 끄떡하지 않을까 하며 감탄한 제후는 승려의 도의 경지가 높음을 칭찬하기 위해 가까이 다가갔다. 그런데 그 승려의 남근에 매달아 놓은 북은 아예 가죽이 찢어져 있었다. 남근이 너무나 맹렬하게 요동을 쳤기 때문이다. 그것을 본 제후는 크게 웃으며 '색'에 대한 인간의 욕구가 얼마나 강렬한지 새삼 느낄 수 있었다.

　서양에서도 이와 비슷한 이야기가 있다. 어느 나라의 왕이 전쟁터에 출정을 하면서 아름다운 왕비를 남겨 두고 가는 것이 마음에 걸려 왕비의 옥문에 이물질이 침범할 시 가차없이 잘라버리는 무시무시한 정조대를 채워놓고 출정을 하였다. 전쟁이 끝나고 몇 달 후 왕이 돌아와 신하들의 바지를 벗겨보니 모두들 물건이 잘려나가고 없었다. 그런데 머리가 허옇게 센 총리대신의 그것은 멀쩡하였다. 이에 왕이 흡족하여 총리대신을 치하했는데 대신은 아무 말도 하지 못했다. 알고보니 그는 혀가 잘라나가고 없었다.

　성은 신도 막지 못하는 본능이며 삶의 근원적인 에너지이다. 인간을 '호모 에로티쿠스'라고 정의하는 데는 그만한 이유가 있다. 인간의 섹스는 동물의 교미와 본질적으로 다르다. 인간의 성은 발정기의 유무와 상관없이 어느 때고 마음만 먹으면 가능하며, 단순히 종족보존을 위한 본능에 그치지 않고 타인과의 밀접한 관계 속에서 쾌락을 추구하고 자아를 실현하기 위한 수단이다.

　2006년 대만의 차이나 데일리 신문에 재미있는 뉴스가 실린 적이 있다. 94살의 대만 노인이 자신의 장수 비결을 묻는 질문에 '매일 아름다운 여자 사진을 보는 것'이라고 답해 화제가 되었다. "20년 전 일본에서 요리사로 일하다 은퇴한 이후 신문이나 잡지에서 아름다운 여자 사진을 스크랩하기 시작했습니다. 그때부터 지금까지 하루도 빠짐없이 아름다운 여자들의 얼굴과 몸을 감상하게 되었는데, 그 덕분에 오감을 예리한 상태로 유지할 수 있습니다."라고 노인은 말했다. 카메론 디아즈, 페넬로페 크루즈 등 유명 여배우와 모델들의 사진을 무려 십만 장이나 소장하고 있는 그가 매일 사진을 보며 어떤 생각을 떠올렸겠는가. 비록 몸은 따라주지 않지만 머릿속에서 아름다운 여자들과 데이트를 하고 섹스를 즐기지 않았을까 추측해본다.

북한이 운영하는 웹사이트 '조선인포뱅크'에서도 젊었건 나이가 많건, 부부 사이에 오가는 성적 교제는 활력을 안겨주는 원천이라며 나이 들어서도 중단 없이 성생활을 계속해야 건강에 좋다고 말하고 있다.

⚜ 열정을 포기하지 마라

나이가 들면 당연히 성 호르몬이 감소하고 성욕도 감퇴하지만, 이는 인간이 갖고 있는 동물적 조건에 지나지 않는다. 뇌를 얼마나 효과적으로 사용하느냐에 따라 성 호르몬의 감소 정도는 큰 차이를 보인다.

한 통계에 따르면 정신노동자들이 육체노동자보다 성욕이 강한데 뇌의 활동이 활발한 사람들이 성적으로도 민감하기 때문이다. 그렇지만 학문적 지식이 많거나 계산능력이 뛰어난 사람이 반드시 성적으로 유리하다는 얘기는 아니다. 여기서 말하는 뇌의 활동이란 풍부한 감성으로 일상에서 끊임없는 관심과 상상력을 유지하는 것을 말한다.

독일의 대문호 괴테는 나이 들어서도 집필 활동을 멈추지 않았는데 23살 때부터 쓰기 시작하여 82살의 나이에 완성한 《파우스트》는 그의 일생에서 최고의 작품인 동시에 세계 문학의 최대 걸작 중 하나로 꼽힌다. 노년까지도 왕성하게 활동을 하며 열정이 식지 않았던 괴테는 71살의 나이에 18살의 아름다운 처녀 울리케 폰 레베초를 만나 마지막 사랑의 불꽃을 피웠고, 결혼에까지 이르지는 못했지만 "나는 요즘 춤추듯 살고 있다."라고 말하며 사랑의 찬가를 불렀다.

세기의 화가 피카소는 80살의 나이에 30살의 자크린 로크라는 여성과 비밀 결혼을 해서 세상을 놀라게 했다. 여성 편력에 있어 남달랐던 피카소는 45살에 17살의 처녀 마리 테레즈와의 사이에서 아이를 낳았고, 60살이 넘어서는 20살의 프랑스와즈 질로와 동거한 바 있다. 80살의 피카소와 결혼을 한 자크린은 다음과 같이 말했다. "나는 이 세상에서 가장 아름다운 청년과 결혼했어요. 오히려 늙은 사람은 나였지요." 자크린은 80살의 나이에도 불구하고 창조적 열정을 불태웠던 피카소의 정신적 나이와 정력을 언급하면서 신체적이고 생물학적인 나이가 자신들에게는 무의미하다고 말했다.

젊은이는 물론 노인들의 삶에 있어서 가장 중요한 것은 일과 사랑이다. 자신의 능력을 발휘하고 정체성을 확인할 수 있는 일을 하고, 마음이 통하는 상대와 뜨겁게 사랑하는 것은 행복의 기본 조건이다. 나이가 들어 직장에서 물러났다 하더라도 가능하다면 계속 일을 하는 것이 좋고, 그게 아니면 취미생활에 전념해도 좋다. 혹은 동호회 활동이나 봉사활동을 할 수도 있다. 그렇게 사회적 활동을 해야 노년이 무력해지지 않고 자신감을 잃지 않으며 열정을 유지할 수 있다. 또한 이는 성생활에도 영향을 미친다. 은둔하면서 점점 움츠러들다 보면 성에 있어서도 위축되기 쉽다. 나이가 들었다는 핑계로 매사에 무덤덤해지고 무감각해지는 것은 노화를 재촉할 뿐이다. 마음 속에 꿈틀대는 열정을 외면하지 않고 당당하게 즐기며 호모 에로티쿠스로 사는 노인들이 지금보다 더 많아지기를 희망한다.

⚜ 금욕은 미덕이 아니다

2006년에서 2007년에 방송된 MBC 시트콤 〈거침없이 하이킥〉에서 극 중의 이순재는 노인임에도 불구하고 가족들 몰래 야동에 심취해서 원초적 본능에 충실한 노인의 모습을 유감없이 보여주었고, '야동순재'라는 닉네임까지 얻었다. 그 이후 TV나 영화 등 대중매체에서 점잖은 노인들이 '야동'에 탐닉하는 모습을 심심치않게 보여주는데, 지나치게 희화된 것이 좀 거슬리기는 하지만 노인의 성을 바라보는 시각이 바뀌었다는 데 있어서는 긍정적인 변화라고 할 수 있다.

흔히 야동이라고 부르는 성적인 영상물은 성 기능이 떨어져 가는 노인들에게 성적인 판타지를 구체화시켜 성적인 욕구를 어느 정도 충족시켜준다. 또한 성 호르몬 분비를 자극하는 수단이 되기도 한다. 성욕이 크게 감퇴한 경우엔 남성 호르몬을 보충해 주는 게 효과적이지만 야동을 가끔씩 보는 것도 상당한 도움이 된다. 실제로 노인복지시설 사이트 게시판에는 야동 광고들이 게재되고 서울 종묘공원 인근 성인 PC방에 가면 60대 이상 고객을 흔히 볼 수 있다.

노년의 성에 대해서는 긍정적 사고와 함께 적절한 성적 공상이 필요하다. 여기에 자위행위까지 더해진다면 더욱 좋다. 적절한 성적 공상과 자위행위는 나이가 들어서도 성적인 리듬을 유지하는 데 도움이 된다. 독신 노인은 물론이고, 굳이 독신이 아니어도 자위행위나 적당한 성적 환상을 가질 필요가 있다.

과거에 자위행위는 사춘기 소년이나 하는 행위로 마땅한 상대가 없을 때 궁여지책으로 하는 행위로 인식되어 왔다. 빅토리아 시대에는 자위행위를 자해의 한 형태라고 규정하여 금지시키기도 했다. 자위행위는 정력의 낭비이자 정상적인 인간관계를 파괴하는 죄악이라는 것이 그 논리였다. 그에 따라 자위행위가 성기 발달을 지체시키고 정신적으로나 육체적으로 인간을 나약하게 만든다는 미신을 낳았다. 현대 사회에 들어와서도 자위행위를 긍정적으로 여기지 못하게끔 하는 데에는 이런 미신의 역할이 크다.

그러나 실제로 자위행위를 잘해야 섹스도 잘할 수 있다고 한다. 성의 학자 마스터스와 존슨은 조루증과 심리적 성 장애를 치료하는 데 있어 자위행위를 적극 활용하기도 했다. 그들이 제안한 자위행위는 편안한 상태에서 충분히 시간을 들여 자위행위에 몰두하게 하고 자신의 성적반응을 느끼도록 하는 훈련이다. 이것을 통해 남성은 사정에 대한 육체적 반응에 익숙해져 사정을 조절할 수 있게 되고 자신의 성감 특징에 대해서도 보다 잘 알게 된다는 것이다. 여성의 경우에도 자위행위는 여성 성기에 대한 자긍심을 고취시키고 불감증을 치료하며 성감 개발을 가능케 한다.

노년기가 되면 어떤 방법으로라도 성적 반사와 반응 작용을 계속해야 하는데 자위행위가 성적 반응을 예민하게 하는 방법임에는 틀림없다. 파트너가 없어서 금욕을 해야 하고 이 때문에 성 능력을 영원히 잃어버릴 수밖에 없다면 성 기능을 유지하기 위해서 자위행위를 하라고 권하고 싶다.

우리 사회에서 자위행위에 대한 인식은 과거에 비해 많이 나아졌지만 성에 대한 호기심이 왕성한 사춘기 소년이나 소녀들의 자위행위에 대해서만 관심이 있을 뿐 노인들의 자위는 전혀 신경을 쓰지 않는 듯 보인다. 자위행위는 충분히, 그리고 안정적으로 공들여 즐길 수 있는 여건이 마련되어야 한다. 그런데 가족과 같이 사는 노인의 경우 아들이나 며느리가, 혹은 손자가 불쑥불쑥 방문을 열고 들어오는 환경에서는 엄두도 낼 수 없다. 노인의 프라이버시도 당연히 존중받아야 하는 이유가 여기에 있다.

공부 하듯 성을 배우고 익혀라

인생은 한 권의 책과 같다.
어리석은 이는 그것을 마구 넘겨 버리지만 현명한 이는 열심히 읽는다.
왜냐하면 단 한 번밖에 읽지 못한다는 것을 알기 때문이다.

최근 한 제약회사가 아시아 지역 13개국의 성인 3,957명을 대상으로 한 성 만족도 설문조사에 따르면 한국인의 성생활 만족도가 최하위권인 12위를 기록했다고 한다. 한국인은 남성의 75%와 여성의 54%가 성생활 향상에 높은 관심이 있는 것으로 나타났지만, 이에 비해 한국 남성의 성만족도는 19%, 여성은 11%에 그쳤으며, 완전히 만족한다고 답한 경우는 남성의 4%, 여성의 3%에 불과해 매우 대조적인 양상을 드러냈다.

우리나라 사람들이 성생활 향상에 관심이 많은데도 불구하고, 섹스 만족도가 매우 낮은 것으로 조사된 이유는 무엇일까? 이는 성에 대한 자신의 취향이나 느낌, 표현 등을 상대방에게 충분히 전달하고 있지 못하기 때문이다. 만족스러운 섹스를 위해서는 충분한 커뮤니케이션이 뒷받침되어야 하는데 아직도 우리나라는 성에 대해 겉으로 드러내기를 주저하는 사람들이 많으며 노인들일수록 그런 경향이 더 강하다. 그러나 입에 담기 부끄러운 말이라고 해서 성에 관한 대화를 피하는 것 자체는 옳지 못하다. 특히 부부의 경우, 불만족스러운 성관계가 부부 관계에 많은 영향을 미칠 수 있으므로 적극적인 대화가 더욱 요구된다.

한국인의 성 만족도가 낮은 것은 성관계 시 상대를 잘 고려하지 않는 한국 남성의 태도에도 기인한다. 성관계의 만족도는 파트너를 얼마나 배려하느냐에 달려있는데, 남성들은 성기의 크기나 섹스에 할애하는 시간 등으로 상대방을 만족시키려는 경향이 있다. 하지만 이보다는 삽입 전 충분한 전희를 통해 여성의 심리적인 안정과 만족을 가져다주는 것이 중요하다.

또한 성기능 장애를 겪고 있음에도 불구하고 이를 상대방에게 숨기거나, 치료 개선 의지가 미약해서 상대방은 물론 본인의 성적 만족도를 떨어뜨리는 경우도 허다하다. 전문가들은 남성의 경우 조루와 발기부전, 또는 음경왜소 콤플렉스, 여성의 경우 불감증 등 대부분의 성기능 장애는 현대 성의학을 통해 치료가 가능하므로 완치하고자 하는 적극적인 자세와 태도가 중요하다고 지적한다. 간혹 여성 스스로 불감증 여부를 알아채지 못하고 이를 남성의 성기능 장애로 오해하는 상황이 발생하기도 하므로 한 사람의 성기능 장애가 의심된다면 남녀가 함께 검사를 받아보는 것이 현명하다.

성관계에 만족하지 못하는 상태가 지속되는 부부의 경우 성관계를 아예 하지 않는 섹스리스 부부로 발전하기 쉽다. 이렇게 되면 부부간의 애정전선이 깨져서 회복하기가 불가능해지고 결국에는 정년 이혼이나 황혼 이혼 같은 파국을 부를 수도 있다.

만약 60대 이상의 노인들을 대상으로 위와 같은 설문조사를 했다면 만족도는 아마도 더 낮게 나왔을 것이다. 지금 60대를 훌쩍 넘긴 사람들은 전쟁과 가난을 겪으며 자랐고 경제개발의 열기 속에서 치열하게 살아온 사람들로, 삶을 느긋하게 즐길 여유가 없었고 성에 대한 교육을 제대로 받은 적도 없었다. 그러나 과거와 다르게 성에 대해 비교적 개방적인 풍조가 자리잡으면서 노인들의 성 의식도 변하고 있다. 노인들 스스로도 성생활이 인생에 있어서 매우 중요한 부분이라고 생각하며 성생활을 즐기려고 한다. 그러기 위해서는 성도 공부하듯 배우고 익혀야 한다는 것을 알아야 한다.

❖ 발기만이 전부가 아니다

여성 노인이 성생활에 있어서 느끼는 신체적인 제약은 남성 노인이 느끼는 것에 비하면 아무 것도 아니다. 여자들의 경우 질액이 분비되지 않아도 성교가 가능하지만 남자의 경우 발기가 되지 않으면 성교 자체가 불가능해지므로 남성 노인의 신체적 제약은 치명적이라 할 수 있다. 남자들은 발기에 문제가 생기면 성생활은 물론 일상 생활에서도 자신감을 잃고 축 처질만큼 지대한 영향을 받는다. 상대를 만족시켜

주지 못한다는 불안감에 시달리다가 아내와의 잠자리를 꺼리는 경우도 생긴다.

남자들은 성관계 시 여자를 만족시켜 주어야 한다는 의무감으로 남성성을 확인하는 경향이 있다. 그런데 그 만족을 객관화할 수 있는 지표가 성기의 크기와 단단함이라고 믿는다. 그래서 남자들은 젊으나 늙으나 성기의 크기와 발기 정도에 무척 신경을 쓰며 발기가 예전같지 않으면 불안해져서 정력에 좋다는 음식을 찾아다닌다.

나이가 들면서 관계를 하다가 발기가 잘 되지 않으면 가슴이 덜컥 내려앉으며 내가 발기부전이 아닌가 하는 생각으로 위축되는 남자들이 있다. 그러나 발기 장애는 나이가 들면서 빈도가 증가하기는 하지만 노화 과정에서 생기는 필연적인 과정은 아니며 신체적인 다른 질병이나 원인으로 인해 생긴다. 그리고 무엇보다도 심리적인 요인이 크게 작용한다. 발기가 잘 안 되거나 음경의 강직도가 예전같지 않다고 느낄 때 남자들은 마음이 무거워지고 이것이 스트레스로 작용한다. 그리고 이로 인해 더 발기가 잘 안 되는 결과가 생긴다. 이러한 발기부전은 사실 남성만의 고민이 아니며 발기부전을 겪는 남성의 배우자 역시 사회적으로 공인된 섹스 파트너를 잃을 위기에 처하게 된다.

노년이 되어 성 능력이 다소 떨어진 것에 너무 예민하게 반응하며 낙담하는 것은 좋지 않다. 60대가 넘어서도 20대와 똑같기를 바라는 것은 지나친 욕심이며 이런 집착과 강박관념은 노년의 성을 즐기는 데 오히려 장애가 될 수 있다.

성생활에서 발기만이 전부는 아니다. "나이가 들면 이마에 주름이 생기지만 심장엔 절대 주름이 지지 않는다."라는 말이 있는 것처럼 섹스는 몸으로만 하는 것이 아니라 마음으로 하는 것이다. 사랑스런 아내의 몸을 어루만지고 스킨십을 즐기며 야동을 감상하거나 각자의 성적 환상에 대해 이야기해 보는 것도 충분히 즐거운 일이다. 무리를 해서라도 반드시 삽입을 하고 사정을 해야만 섹스인 것은 아니다. 성행위에는 성교만 있는 게 아니라 키스, 껴안기, 애무, 자위행위가 모두 포함된다. 이런 다양한 방법들이 친밀한 관계의 표현 방법이라는 것을 알게 되면 더욱 만족스러운 성생활을 즐길 수 있을 것이다.

삽입만이 섹스는 아니다

클린턴 대통령과 르윈스키와의 '부적절한 관계'가 불거져 나왔을 때 클린턴은 오럴섹스만 했을 뿐이라며 발뺌했다. 이는 오럴섹스를 성관계로 생각하지 않는다는 것이다. 그러나 시사주간지 〈타임〉이 미국 국민들이 생각하는 '성관계' 개념에 대한 여론조사를 실시한 결과, 미국인의 87%가 오럴섹스도 성관계라고 생각하는 것으로 나타났다.

얼마 전 어느 변태 성욕자가 경찰서에 간통죄로 붙들려 온 일이 있었다. 하지만 그는 결코 간통죄를 범한 일이 없다고 우기며 소리를 질러댔는데, 그 이유는 자신은 여성의 항문을 이용했지 그곳에다는 삽입하지 않았기 때문이라는 것이다. 아무리 많은 밤을 같이 보냈어도 여성의 그곳에 삽입하지 않았으면 간통은 성립되지 않을까? 어이없게도 그는 경찰 조사 후 풀려났다고 한다. 이는 삽입만이 섹스라고 여기는 남자들의 생각을 여실히 보여주는 예이다. 그러나 이는 잘못된 생각이며 삽입만이 섹스라고는 할 수 없다. 왜냐하면 남자에게는 페니스가 성기이지만 여자에겐 질이 성기라고 할 수 없기 때문이다. 여자의 경우 성기는 클리토리스를 포함한 몸 전체에 퍼져 있는 성감대이다. 성감대를 자극하는 모든 행위가 성기를 자극하는 행위이며 페니스의 삽입은 다양한 성행위의 프로그램 중 하나로 보는 것이 옳다.

'섹스=삽입'이라는 잘못된 공식은 부부의 성생활에 있어서도 많은 문젯거리를 만들며 성관계 실패의 원인을 제공하기도 한다. 섹스를 시작하려면 우선 발기부터 준비하고 보기 때문이다.

대구 달서구에 사는 정 모 씨(53세)는 어느 날 아내와 섹스를 하려고 했지만 도무지 발기가 되지 않았다. 계속해서 시도하기도 뻘쯤하고, 여러 번 시도했다가 끝끝내 잘 안 되면 어떡하나 걱정이 된 그는 피곤하다며 그냥 자자고 했다. 그런데 다음날에도 똑같은 일이 벌어졌다. "나한테 벌써 이런 일이 일어나다니… 이젠 다 틀렸구나."하고 정 씨는 생각했다. 이런 일은 많은 남성들이 흔히 겪을 수 있는 일로, 잠자리 실패의 원인은 발기부터 준비하고 발기만을 중시하는 사고방식에 있다.

성행위는 성교만 있는 게 아니며 키스, 껴안기, 애무, 자위행위 모두가 포함된다. 또한 성교 자체도 사랑의 감정, 성적 감흥, 흥분, 자극, 고조, 절정, 쇠퇴의 전 과정을 통틀어 이루어진다. 발기는 이 과정에 따라 자연스레 일어나는 것이라고 보면 된다.

노년의 부부관계에서는 남성이나 여성 모두 성 능력이 전에 비해 다소 떨어질 수 있으므로 무리를 해서라도 반드시 삽입한다거나 사정해야 한다는 고정관념을 버리는 것이 좋다. 때로는 서로의 피부를 접촉하며 따뜻한 체온을 느끼는 것만으로도 적절한 쾌감을 느낄 수 있다. 발기에만 치중해 스스로 성생활을 포기하는 것만큼 어리석은 일은 없다.

⚜ 알면 더 즐거운 사랑의 기술

"세 살 버릇 여든까지 간다."라는 말이 있듯이 습관은 우리네 삶의 방식을 좌우하며 좋은 습관은 성공과 행복의 조건이다. 좋은 습관을 키우고 나쁜 습관은 버려야 한다는 것을 누구나 알지만 이를 실행에 옮기기는 그리 쉽지 않다. 습관은 섹스에 있어서도 중요한데 나이가 든 사람일수록 오랫동안 반복해온 삶의 방식을 고수하며 습관을 바꾸지 않으려고 한다. 그러나 성생활의 어떤 측면을 변화시키고 싶다면 나이가 많든 적든 과감하게 시도해보는 것이 좋다. "이제와서 바꾼다고 뭐가 달라지나? 그냥 하던대로 하지 뭐."라고 생각하는 그 순간도 결코 늦은 때는 아니다.

부부의 성생활은 시간이 지남에 따라 습관이 되어 감흥이 떨어지는 경향이 있는데 이는 그것에 대해 연구할 시간이 없고 필요하다고도 생각지 않기 때문이다. 신혼 때는 열정이 넘치기 때문에 이런저런 체위를 시도해보고, 장소와 분위기를 바꿔서 잠자리를 하기도 하지만 시간이 흐르고 열정이 식어가면 부부관계가 형식적이 되기 쉽다. 특히 지금의 60대는 전쟁과 보릿고개를 겪고 급격한 산업화의 과정을 겪으며 고단한 삶을 살아온 사람들로, 섹스에 대해 제대로 배울 기회가 없었다. 이들은 섹스를 충분히 즐기지 못하고 살아왔기 때문에 좋지 않은 섹스 습관에 젖어있을 가능성이 많다. 황혼의 성을 즐기고자 한다면 이제부터라도 자신의 성적 행위와 습관, 태도를 예리한 눈으로 돌아볼 때가 되었다.

1. 평생 한 가지 체위만 고집한다?

평생 한 가지 음식만 먹으라고 한다면 그보다 더 큰 불행은 없을 것이다. 이는 섹스도 마찬가지다. 한 가지 체위만 고집하면 더 크고 다양한 즐거움을 맛보지 못할 뿐 아니라 결국 재미가 없어 형식적인 의무 방어전으로 굳어지기 쉽다. 이제부터라도 체위를 바꿔보고 새로운 시도를 해보자. 남편이 색다른 체위나 오럴 섹스, 애널 섹스 등을 하고 싶은데 아내가 따라주지 않는 경우 갈등이 심화될 수 있다. 섹스를 할 때는 그 어떤 체위도 부끄러울 게 없다는 사고의 전환이 필요하다.

섹스는 고도의 집중이 필요하므로 다른 사람의 방해를 받으면 제대로 즐길 수 없다. 자식들과 한 집에 사는 노부부라면 가끔씩 모텔에 가서 마음껏 소리 지르며 아무 데도 방해받지 않고 섹스하는 것이 도움이 된다. 대부분의 모텔에서는 야한 성인 프로그램이 방영되는데 그들의 체위나 행위를 그대로 따라해 보는 것도 좋다. 다소 퇴폐적인 행위로 느껴진다 하더라도 한번쯤 눈 딱 감고 시도해 본다면 앞으로의 성생활이 달라지고 새로운 재미에 눈을 뜰 수도 있다.

2. 섹스는 밤에만 한다?

절대적으로 밤에 섹스를 하는 것은 수십 년에 걸쳐 생긴 습관으로, 낮에는 일이나 가족들 때문에 방해를 받아서 사생활을 갖기가 어렵기 때문이다. 그러나 60세가 지나 낮 시간이 여유롭다면 섹스를 꼭 밤에만 해야 한다는 고정관념에서 벗어나보라.

고혈압이나 심혈관계 질환이 있는 사람이라면 밤에 하는 '나이트 섹스'가 더 좋다. 밤은 하루 중 혈압이 가장 낮은 때이므로 신체활동으로 인한 혈압상승 효과가 적기 때문이다. 하지만 남성이 피로에 지쳐 있다거나 여성이 체력이 약한 경우엔 아침에 하는 '모닝 섹스'가 좋다. 아침에는 발기를 맡고 있는 중추가 흥분되어 있는데다 자율신경 호르몬의 분비가 촉진돼 성적으로 양기를 북돋울 수 있다. 게다가 새벽에 일어나 공복 상태에서 섹스를 하게 되면 몸속에 축적된 지방이 에너지원으로 사용돼 체내 지방량을 줄일 수 있다.

3. 내가 하고 싶을 때만 하고, 내가 하기 싫으면 안 한다?

내 위주로만 섹스를 하는 것은 이기적인 행동이며 아주 나쁜 습관이다. 마음대로 하는 본인은 만족할지 몰라도 파트너에게는 불만이 쌓이고 섹스가 재미없어진다. 남편과 잠자리를 하며 야식으로 보쌈을 먹을까 족발을 먹을까 생각하거나, 벽지를 바꿔야겠다고 생각하는 아내들이 있다고 하는데 내 아내가 그렇지 않은지 돌아볼 때다. 잠자리에서 남편의 일방적인 태도에 질려있는 아내의 경우, 자신을 세심하게 배려하고 잘해주는 남자를 만나게 되면 극단적인 경우 가정을 깰 수도 있다.

4. 섹스에 관해 이야기하지 않는다?

평소에는 수다를 잘 떨다가도 섹스할 때는 입을 꾹 다물고 과묵해지는(?) 주부들이 적지 않다. 만족스러운 섹스를 원한다면 자신의 성감대를 상대에게 알려주고 요구사항을 구체적으로 말하는 것이 좋다. 직설적으로 말하는 것이 쑥스럽다면 파트너가 민감한 부분을 애무했을 경우 신음소리를 더 크게 냄으로써 간접적으로 알려줄 수도 있다. 섹스에 대해 솔직하게 터놓고 말하다보면 남녀가 성적인 환상을 공유하는 데까지 이르기도 한다.

섹스는 자연적으로 이루어지는 것이기 때문에 그에 관해 서로 얘기해서는 안 된다고 생각하는 사람들이 간혹 있지만 이는 전적으로 잘못된 것이다. 사람마다 특별히 좋아하고 싫어하는 것이 다르기 때문에 굳이 말을 안 해도 파트너가 내 마음을 읽을 수 있다거나 나를 즐겁게 해주는 방법을 알 거라고 생각하는 것은 어리석은 일이다.

5. 상상이나 환상 따위는 필요없다?

늘 같은 시간, 같은 장소에서 섹스하면 재미를 잃어버리기 때문에 서로를 자극할 수 있는 새로운 시도가 필요하다. 오랫동안 부부로 살다보니 이성이라기보다는 그냥 가족같이 무덤덤하게 느껴질 경우, 상대를 아내나 남편이 아닌 '애인'으로 생각하고 섹스를 하는 것이 도움이 된다. 이런 상상이 성적 자극을 강화해 마치 다른 사람과 색다른 섹스를 하는 듯한 느낌이 들 것이다. 어떤 사람들은 현실에서는 불가능해 보이는 상대와의 관계, 혹은 파격적이고 금기시된 설정이나 행위들을 상상함으로써 흥분하기도 한다. 또는 특별히 강렬한 흥분을 느꼈었던 과거의 성적 경험에 대한 기억을 떠올리기도 한다. 몇몇 커플들은 서로를 위해 성적 환상을 만들어주기도 하고, 포르노를 함께 보거나 직접 찍으면서 성적 자극을 강화한다.

6. 섹스는 조용히 한다?

　권태기에 이른 부부들의 침실은 조용하다는 공통점이 있다. 섹스할 때 신음 소리가 거의 없기 때문이다. 사람들은 성행위를 하는 동안 매우 다양한 소리를 내는데 상대를 더욱 자극하고 흥분하는 수단이 되며 서로의 벽을 허물고 일체감을 느끼게 만들어준다. 천차만별인 여성의 신음 소리는 남성으로 하여금 '내가 이 여성을 만족시켜주고 있구나' 라는 생각을 갖게 하며 섹스에 더 몰입하도록 만든다. 또한 여성 스스로도 오르가즘에 한 발 더 다가갈 수 있다. 흥분하면 자연스럽게 신음 소리가 터져 나오지만 성격상 소리를 내는 게 익숙지 않거나 요조숙녀처럼 보이지 않을까봐 일부러 소리를 낮추는 사람이 많다. 그런 고정관념에서 빨리 벗어나야 좀 더 즐거운 섹스를 할 수 있다.

　재미있고 짜릿하고 즐거운 섹스는 아무 노력 없이 하늘에서 뚝 떨어지는 것이 아니다. 자신의 섹스 행위나 습관, 태도를 돌아보고 정확하게 파악했다면 이제 파트너와 솔직하게 터놓고 이야기할 때다. 어떻게 하면 더 즐거운 섹스를 할 수 있을지 공부하고 연구한다면 노력한 만큼의 댓가가 따를 것이다.

⚜ 다양한 성 보조기구를 이용하라

신체적 노화에 따라 성기능이 감소하는 것은 필연적인 일이다. 이것이 성욕이 감소했거나 성생활이 불가능하다는 것을 의미하는 것은 물론 아니다. 하지만 성욕도 있고 성생활도 가능하다고 해서 누구나 다 만족스런 성생활을 하는 것은 아니다. 노년의 성생활에 다양한 성 보조기구를 적극 도입해 보는 것도 성생활의 만족도를 높일 수 있는 방법 중 하나다.

성 보조기구를 전문으로 판매하는 가게는 인터넷 쇼핑몰의 형태로도 있고 오프라인 매장을 갖춘 곳도 있다. 남성독신기구, 여성독신기구, 공용기구(부부용품), 페르몬 향수, 남성강화기구, SM용품, 윤활액, 란제리, 콘돔 등 그 종류도 매우 다양하다.

성인숍의 주 고객은 아직 20대 중후반에서 30대의 남성이 대부분이라고 한다. 그러나 여성 고객의 수도 꾸준히 증가하고 있다고 하니, 노인들도 지금부터라도 당당하게 성인숍을 드나드는 연습을 해야 한다. 성 보조기구는 젊은이들보다 노인 쪽이 아무래도 더 절실한 것이 아닌가 싶다.

이 때문에 일본이나 호주 등지에서는 노인복지시설에서 성 보조기구를 나눠주는 성 복지를 펼친다고 한다. 성 보조기구를 사용하는 것은 더 이상 수치스럽거나 이상한 행위가 아니다. 성 교육자로 자신을 소개해달라는 페미니스트 베티 도슨은 자기 어머니에게 바이브레이터를 선물했다고 한다. 어쩌면 이것이 진짜 효도인지도 모른다.

성인용품점을 이용할 때 도움이 될 만한 정보를 제공하자면, 인터넷 쇼핑몰보다 오프라인에 매장을 갖고 있는 성인숍을 이용하라는 것이다. 성 보조기구 구입이 부끄럽고 민망해서 인터넷을 이용하는데, 그렇게 되면 실제 보조기구를 작동시켜 보거나 만져볼 수 없다는 단점이 있다. 위생상의 안전이나 감촉 등을 고려하여 신중하게 선택하지 않으면 도리어 낭패를 보는 경우가 허다하다. 그래서 직접 기구를 만져보고 친절한 설명까지 들을 수 있는 오프라인 매장이 더 낫다는 것이다.

오프라인 매장을 이용할 때는 밤에 찾는 것보다 낮에 찾는 것이 더 좋다. 흔히 대낮에 성인용품점을 드나드는 것보다 밤에 손님들이 몰릴 것이라 생각하는데, 실제로는 그 생각을 역으로 이용해 낮에 성인용품점을 애용하는 사람이 더 많은 것이다. 아무래도 여러 사람이 매장을 이용하는 시간대에 매장을 이용하는 것이 부끄러움을 커버해줄 것이다. 처음이 어렵지 두 번, 세 번이 되면 성인용품점의 문턱도 그리 높지 않다.

⚜ 섹스할 때 주의해야 할 것들

섹스의 기본을 모르는 이들이 생각보다 많다. 과식한 상태에서 섹스를 하면 소화불량을 일으켜 건강에 해롭다. 반드시 소화가 된 다음에 섹스를 해야 만족도를 높일 수 있다. 피곤하거나 힘이 없을 때, 혹은 화가 나서 기분이 좋지 않거나 슬플 때도 섹스를 삼가는 것이 좋다. 남녀가 편안하게 즐길 수 있는 환경이 조성됐을 때 섹스를 충분히 즐길 수 있다. 술을 마신 후 섹스를 하지 않는 것은 기초 상식에 속한다. 술을 마시고 섹스를 하면 사정을 늦출 수 있다고 생각하는 남자들이 많다. 그래서 일부러 술을 마시는 사람도 있는데 이럴 경우 오히려 사정 조절 능력이 떨어져 섹스가 재미없어지기 쉽다. 술을 가볍게 한두 잔 마시는 것은 긴장을 풀어주어 섹스에 도움을 주지만, 많이 마시면 발기부전의 원인이 되기도 한다.

모든 섹스가 다 몸에 좋은 것은 아니다. 남자가 사정을 하게 되면 100m를 전력 질주하는 운동 효과에다 심리적 흥분까지 겹쳐 혈압과 맥박이 상승하게 된다. 따라서 고혈압이나 협심증 등 심혈관 질환자에겐 뇌졸중, 심근경색, 복상사 등을 초래할 수 있다. 돌연사 중에 복상사가 차지하는 비중이 1%나 된다는 보고도 있다. 따라서 심혈관 질환자는 섹스를 할 때 주의할 필요가 있으며 격렬한 섹스는 삼가는 것이 좋다. 심장에 문제가 있는 경우라면 여성 상위가 도움이 될 수도 있는데 이는 성행위 시 체위에 따라 근육의 에너지 소비가 달라질 수 있기 때문이다. 하지만 최대 심박동수와 최대 혈압은 체위와 관계없이 극치감을 느낄 때 발생하므로 심장에 안전한 체위는 없다는 점을 주의해야 할 것이다.

성행위에 있어서는 무엇보다도 내용이 중요하므로 성행위 시간을 길게 잡아 무리하는 것은 바람직하지 않다. 전희는 최소한 15분 이상 하는 것이 좋으며 식사나 사우나, 급격한 운동 후 30분 이내에는 섹스를 하지 않은 것이 좋다. 세간에 떠도는 성교중단법이나 사정지연법을 시도하는 것은 별로 도움이 되지 않는다. 또한 극도의 흥분상태에서

관계하는 것은 피하는 것이 좋은데 집이 아닌 낯선 곳에서 아내가 아닌 낯선 여성과 섹스를 하는 경우엔 성적 흥분이 평소보다 훨씬 고조되므로 조심해야 한다. 그리고 상대를 바꿔가며 여러 여성과 문란한 섹스를 하는 것도 삼가야 한다. 이 경우 에이즈, 매독, 요도염, 콘딜로마, 음부포진, 사면발 등 다양한 성병에 걸릴 위험이 높아진다. 평생 30명 이상의 여성과 섹스를 한 남성은 한두 명의 여성과 섹스를 한 남성보다 전립선암 발병률이 2.3배 높다는 연구결과가 발표된 적 있다. 또한 여성의 자궁경부암은 성병이 주요 원인이라고 한다.

섹스에 관한 타인의 과장된 얘기를 듣고 자신과 비교하지 않는 것이 좋으며 과도한 강장제 섭취는 피해야 한다. 성행위 도중 절정감을 느낄 때 갑자기 어지러워지거나, 가슴이 답답해지고 심장이 심하게 뛰거나, 얼굴이 창백해지면 충분한 안정을 취하고 전문의의 진찰을 받는 것이 좋다.

숫자로 알아보는 황혼남녀 이야기

87 미국인 중 87%는 오럴섹스도 성관계라고 생각한다. 발기와 삽입에만 매달려 또 다른 즐거움을 놓치지 말자.

54 사별이나 이혼으로 혼자가 된 여성노인 가운데 54%가 성욕구의 충족을 위해 재혼이 필요하다고 답했다.

51 우리나라 65세 이상 노인층 가운데 51%가 성생활을 하고 있으며 월1~5회 성관계를 갖는다고 한다.

40 노년기 성생활을 찬성한 노인들 중 40%는 성생활이 노화 방지 및 건강에 도움이 된다고 응답했다.

31 발기 부전환자의 31%가 성생활이 삶의 만족도에 부정적 영향을 미치는 첫번째 요인이라고 답했다.

25 노년기 남성중 25%가 무분별한 약물남용으로 인해 성기능장애를 호소하고 있다.

8.6 종묘공원을 찾은 노인들을 대상으로 검사한 결과 약 8.6%가 성병에 감염되어 있었다.

성의 위기, 어떻게 극복할 것인가

그림자를 두려워말라. 그림자란 빛이
어딘가 가까운 곳에서 비치고 있음을 뜻하는 것이다.

노인의 성을 위협하는 것 중에 무시할 수 없는 요소가 질병이다. 미국 매사추세츠 의대, 코넬 의대, 존스홉킨스 의대 등의 연구결과에 따르면 당뇨병 환자의 약 50%, 고혈압 환자의 약 27%, 고지혈증 환자의 약 24%가 발기부전을 보였다. 특히 당뇨는 가장 흔히 성기능 장애를 일으키는 원인으로, 당뇨의 주된 증상이 바로 성기능 장애이다. 또한 당뇨는 여성에게도 성기능 저하와 성욕 감퇴를 가져올 수 있다.

노령층에서 흔한 질환인 관절염도 통증이나 경직, 동작의 장애로 인해 성관계가 어려워질 수 있다. 이 경우 비스테로이드성 소염제나 다른 진통제를 미리 투여하거나, 통증이 적을 때 성관계를 갖는 것이 도움이 된다. 근골격계통에 문제가 있는 사람에서는 통증이 성행위를 방해하는 주요 원인이 될 수 있으므로 체위의 변화나 베개의 사용, 열치료 등이 도움이 된다.

중년 이후 남성들의 가장 큰 고민인 발기부전은 크게 심리적 원인과 혈관, 신경, 호르몬 등의 신체적 원인으로 나뉜다. 전체 발기부전의 절반 가까이가 심리적 원인이며 특히 젊은 남성에게 흔하다. 그런데 신체적 원인이 있는 경우라 해도 발기 실패에 대한 두려움과 위축감 등 심리적인 원인이 중복될 수 있다. 때문에 심리문제를 교정하는 것이 발기부전 치료에 있어 중요하다.

심인성 발기부전을 일으키는 요소는 실패에 대한 불안감이 자율신경계를 교란시켜서 정상적인 발기능력이 떨어지는 것이다. 이 외에도 상대 여성에 대한 무의식적인 분노, 버림받을지 모른다는 불안, 임신과 성병에 대한 공포, 과도한 스트레스, 부부 간의 갈등이 있는 경우 몸은 멀쩡하다 해도 발기가 잘 안 될 수 있다. 또한 직장에서 은퇴해 사회적 정체성을 상실하게 되면 무력감에 빠지기 쉬운데 이렇게 심리적으로 위축된 상태에서 부부 관계를 할 경우 발기가 잘 안 될 수 있다. 그런데 아내가 이를 비웃거나 남편을 무시하며 잠자리를 거부하면 이때 남자들이 느끼는 굴욕감은 여자들이 상상하는 것 이상으로 크다. 이렇게 되면 남성들의 갱년기 우울증이 심해질 수도 있고 경우에 따라 외도로 이어질 수 있다.

노년기 남성의 성기능 장애를 극복하기 위해서는 일단 원인을 정확하게 파악해 그에 맞는 치료 방법을 찾아야 한다. 경구용 약물을 투여

하는 것이 일반적인데 여기에 보조요법으로 진공기구를 사용하거나 주사요법으로 발기를 유발하기도 한다. 만약 이런 치료에도 별 효과를 보지 못한다면 음경보형물을 삽입하는 방법이 있다.

남성에 비해 여성은 성에 있어서 수동적인 경향이 있는데 지금의 60대 여성들은 그러한 경향이 더욱 강하다. 성생활 또한 남성 위주로 이루어져 오랜 부부생활에도 불구하고 잠자리에서 별다른 즐거움을 느끼지 못한 경우가 많다. 심지어는 오르가즘을 한 번도 느껴보지 못한 여성들이 상당수 있다고 한다. 그런 상황에서 폐경을 맞아 성적 관심과 흥미가 감소하면 남편의 잠자리 요구가 귀찮게 느껴질 수 있다. 혹은 늙어서도 부부관계를 하는 것이 점잖치 못하다는 생각을 할 수도 있다. 그런데 연구에 의하면 폐경 이후 임신의 공포에서 해방되고 자녀 양육의 부담에서 벗어남으로써 심신이 자유롭고 홀가분해지기 때문에 제2의 신혼기를 맞는 여성들이 있다고 한다. 이런 경우 젊어서는 한 번도 느끼지 못한 오르가즘을 뒤늦게 경험하고 성의 즐거움에 새삼 눈을 뜰 수도 있다.

"인간은 성적 동물이다."라고 정신분석학자 프로이트는 말했다. 살면서 만족스런 성생활을 못했다 하더라도 성에 관한 흥미와 관심은 원초적인 것이기 때문에 사라지지 않으며 섹스는 관심과 자극에 의해 얼마든지 개선될 수 있다. 그러므로 나이가 들었다고 체념하고 포기할 것이 아니라 적극적으로 즐길 수 있는 방법을 찾아야 한다. 성에 무감각해지는 것은 삶의 커다란 즐거움을 놓치는 것이며 결국 노화를 재촉할 뿐이다.

⚜ 성혁명의 주역 비아그라

발기부전하면 떠오르는 약 비아그라viagra. 이 비아그라는 활력을 나이아가라 폭포처럼 넘치게 해 준다는 말이다. 미국의 화이자 제약사가 개발한 비아그라는 원래 협심증 치료제였는데 발기부전에 효과가 있다는 사실이 발견되어 20세기 성혁명을 일으키게 되었다. 제1의 성혁명을 이끈 것이 1950년대에 나온 피임약이라면, 제2의 성혁명의 주역은 비아그라다.

비아그라는 발기부전 치료에 지대한 영향을 주었다. 비아그라가 나오기 전에는 발기부전을 치료하기 위해 자가주사요법이나 성기 내 이식, 혈관수술을 받아야만 했는데 1998년 비아그라가 판매되기 시작하면서 엄청난 파장을 일으켰고, 파란 알약 하나로 간단하게 발기부전을 해결할 수 있게 됐다. 예전에는 발기부전이 공식적인 석상에서 좀처럼 거론되지 않았는데 미국의 상원의원이며 대통령 후보이기도 했던 밥돌Bob Dole이 CNN과의 인터뷰에서 비아그라의 임상실험에 참가했다고 털어놓으면서 발기부전이 화두가 되기도 했다.

비아그라는 혈관을 이완시켜 더 많은 혈류가 음경으로 흐르도록 만들어 발기가 가능하게 한다. 비아그라는 최음제가 아니고 성욕에 관해서도 생리적인 영향을 주지 않기에 감정적으로는 흥분이 되지 않으며, 발기 이외의 부분에 있어서 성적인 수행능력을 향상시키지 않는다. 효과는 복용 후 한 시간 뒤에 나타나며 체내에는 8시간 동안 남아있지만 초반 4시간만 최고의 발기효과가 있다. 의사들은 하루에 한 알 이상은 복용하지 않도록 권하고 있다.

또한 비아그라는 다양한 부수효과도 있다. 시차 부적응, 심부전증, 조루증, 당뇨, 기억상실, 뇌졸중 등에 효험이 있다고 한다. 현대판 민병통치약이라 불리는 아스피린에 필적한다는 평가가 나올만하다.

그럼에도 불구하고 부작용이 만만치 않다. 재채기나 두통, 소화불량, 심장 떨림, 빛 공포증, 발기 지속에서부터 정자 손상, 저혈압, 심근경색 등 다양하다. 실명을 하거나 사망하는 치명적인 사례도 보고되고 있다.

그렇지만 복용을 꺼리는 사람은 드물다. 비아그라가 나올 당시 부작용에 대한 인터뷰에 응한 한 노인은 "부작용으로 죽을지언정 비아그라를 복용하겠다."고 답했다. 다른 노인들 역시 같은 대답이었다. 원하는 대로 물건이 설 수만 있다면 그 어떤 위험도 불사하겠다는 것이다.

비아그라의 효과를 높이기 위해 내과적인 위험요인이 있는 환자들은 비아그라를 복용하기 최소 두 달 전에 금연을 하고 알코올 섭취를 줄이며 당뇨와 고혈압이 있는지를 확인해야 한다.

광범위 전립선 절제술을 받아 골반의 신경이 손상되었거나 당뇨가 조절되지 않고 합병증이 많으면 비아그라에 반응하지 않을 수 있지만 다소 도움은 될 수 있으니 시도해 보는 게 좋다. 신경이 손상된 경우에는 발기는 가능하나 오르가즘과 사정이 불가능할 수도 있다. 제약회사 측은 비아그라 사용에 나이 제한은 없다고 말하는데 실제 임상실험에서 90세의 남성이 포함되었다.

성적인 수행능력에 대한 불안이 있거나 정신적인 영향으로 발기가 되지 않는 남성들은 비아그라를 단지 소지하는 것만으로도 효과를 본다. 비아그라를 처방받기 위해 의사를 찾은 사람들 중 상당수가 조절되지 않은 당뇨, 고혈압, 그리고 심장질환을 진단받고 치료를 받게 되었기에 비아그라가 기저질환을 발견하도록 건강검진을 장려하는 역할도 하고 있다.

비아그라를 복용하면 안 되는 경우는 다음과 같다. 흉통 때문에 질산염을 복용하고 있는 경우 비아그라를 함께 복용하면 갑작스런 혈압 저하로 심정지가 발생할 수 있다. 1999년 1월 FDA에서는 비아그라 사용자 중 130명의 사망자를 보고했는데 77명이 관상동맥에 문제가 있었으며, 그중에 일부가 질산염을 복용하고 있었다. 또한 FDA는 이 밖에도 뇌졸중 등 심각한 부작용을 보고하였다. 이것이 비아그라와 연관되었는지 아니면 질병 자체의 문제인지 확실하지 않지만 FDA가 부작용을 발표한 이후에 제약회사인 화이자는 금기사항을 더욱 강력하게 경고하였다.

또한 비아그라는 막히거나 수축된 동맥을 가진 사람에게도 금기가 되지만 심각한 관상동맥 질환이 있는 사람들은 성관계를 통해 얻는 이점과 위험성을 평가하여 결정해야 한다. 일부 의사들은 심장에 맞는 정도를 찾기 위해 운동부하 심전도 검사를 권한다.

그리고 비아그라를 복용할 때에는 몇 가지 주의사항이 있다. 약의 작용을 방해하는 고지질이 함유된 식사는 피하고 빈속에 섭취하는 것이 좋다. 심한 흡연이나 술을 피하고 충분한 휴식을 취하는 것이 좋으며 약이 흡수되기 위해 적어도 45분은 기다리고 작용이 3~4시간 지속된다는 것을 명심해야 한다.

특히 편안한 환경에서 이완하는 것이 중요하다. 비아그라를 처음 복용하는 사람들 중에는 성관계를 가져야 한다는 중압감을 피하기 위해 자위행위 시에 복용하는 것을 더 편하게 느끼는 이들도 있다. 그러나 일반적으로는 로맨스와 전희가 있고 성욕을 느끼는 파트너가 참여하는 것이 좋다.

남성의 성 기능을 떨어뜨리는 나쁜 습관을 조심하라!

잠자리가 시원치 않다고 값비싼 약이나 건강식품을 구하기 보다는 먼저 자신의 생활습관을 체크할 필요가 있다. 특별히 문제가 없는 남성이라면 잘못된 식습관과 생활습관을 고치는 것만으로도 성 기능을 개선시킬 수 있다. 그렇다면 성 기능을 떨어뜨리는 나쁜 습관은 어떤 것일까?

술·담배에 자꾸만 손이 간다
발기부전의 주범으로 꼽히는 것이 바로 술과 담배다. 담배의 주성분인 니코틴은 피부나 성기로 가는 혈관을 수축시키는데 그로 인해 음경의 탄력성이 떨어지고 발기력이 약해진다. 또 혈압이 올라가면서 심장에 무리를 주어 빨리 지치게 된다.
지나친 음주 역시 성기능 장애와 불임을 유발하고 간질환, 고지혈증 등을 초래하며 그 합병증으로 발기부전이 될 수 있다.

기름진 음식을 좋아한다
포화지방이나 트랜스지방은 혈관의 탄력성을 떨어뜨려 성 기능을 저하시킨다. 포화지방은 고기나 유제품에 많이 들어있고, 트랜스지방은 튀김, 스낵, 패스트푸드, 인스턴트 식품 등에 많다.

체중이 부쩍 늘었다
업무를 위해서나 친목을 도모하기 위해서 저녁 회식을 즐기고 술과 기름진 안주로 배를 채우다보면 어느새 몸무게가 부쩍 늘어있다. 비만은 술·담배와 함께 발기부전을 부르는 주요한 요인이다. 살이 찌면서 몸속의 지방조직이 남성호르몬을 여성호르몬으로 변화시키는 아로마테이즈라는 효소를 만들게 되면 결국 남성호르몬이 감소한다. 또한 비만을 그대로 두면 당뇨병, 동맥경화증, 고지혈증 등 성 기능 저하를 초래하는 질병에 걸릴 위험이 높아진다.

남보다 스트레스를 잘 받는다
적당한 스트레스는 몸과 마음에 활력을 주기도 하지만 과도한 스트레스가 오래 지속되면 자율신경계가 계속 긴장해서 성욕과 성 기능이 떨어질 수 있다.

복용 중인 약이 있다
크고 작은 질환으로 복용하는 약 중에는 성 기능을 떨어뜨리는 부작용이 보고된 것들이 많다. 감기약이나 소염진통제처럼 흔히 복용하는 약은 물론이고 고혈압이나 위궤양이 있어서 복용하는 약도 성 기능에 나쁜 영향을 줄 수 있다. 또한 이뇨제나 신경안정제, 스테로이드제, 항암제 등의 약도 마찬가지다. 물론 꼭 필요한 약은 지속적으로 복용해야 하지만 약을 마음대로 오·남용하는 경우 성기능이 약해질 수 있다. 성기능 장애를 호소하는 남성환자 4명 중 1명이 약물남용 때문이라는 보고도 있다. 따라서 특별한 이유도 없이 갑자기 성 기능이 떨어졌다면 복용하고 있는 약을 체크해봐야 한다.

고온사우나를 즐긴다

유난히 고온사우나를 즐기는 남성들이 있다. 하지만 고환의 온도가 급상승하면 생식능력이 떨어지므로 좋지 않다. 하체는 항상 서늘하게 유지하는 것이 좋으며 꼭 끼는 삼각팬티 역시 고환의 온도를 높일 수 있으므로 헐렁한 사각팬티를 입는 것이 좋다.

특별히 하는 운동이 없다

운동과 성 기능이 무슨 관계가 있을까 싶지만 규칙적인 운동은 성 기능을 증진시키는 데도 반드시 필요하다. 걷기나 달리기, 수영, 등산, 자전거 타기 등의 유산소 운동을 하면 성 기능을 저해하는 비만을 해소할 수 있다. 또한 몸이 건강해지고 심장이 튼튼해져 발기력이 좋아진다. 자신의 나이와 건강 상태, 체력을 고려해서 몸 상태에 맞는 운동을 적당한 강도로 하면 성 기능을 향상시키는 데 도움이 된다. 단, 자전거를 탈 경우 너무 오래 타는 것은 삼간다. 남성의 회음부에는 전립선, 음경과 대뇌를 잇는 신경 등 생식 기능에 중요한 영향을 주는 기관들이 모여있다. 자전거를 적당히 타면 회음부와 전립선을 자극해서 도움이 되지만 너무 오래 타면 자전거 안장이 회음부와 고환을 눌러 혈액순환을 방해하므로 역효과가 날 수 있다.

♣ 정력제 남용은 금물

옛날에 한 늙은 재상이 젊고 아름다운 첩을 얻었다. 첩을 극진히 아끼고 사랑했으나 나이 탓에 기쁘게 해주지 못하자 재상은 귀한 약초로 정력제를 만들어 아침 저녁으로 복용했다. 그러나 하루도 거르지 않고 약을 먹었음에도 불구하고 통 효험이 없었다. 그러던 어느 날 재상이 며칠 동안 집을 비우게 되었다. 재상이 열심히 보약을 먹는 것을 평소에 눈여겨보던 머슴은 그것이 정력제임을 알고 욕심이 났다. 그래서 티나지 않게 두어 숟가락 훔쳐먹었다.

그런데 그날 이후로 머슴의 물건이 시도 때도 없이 곤추서는 바람에 아내와 주야장천 운우지정을 나누게 되었다. 곁에 부리던 머슴이 며칠째 보이지 않자 이상하게 여긴 재상이 다른 하인들을 시켜 머슴을 데려오게 했다. 재상의 호출에 겁을 집어먹은 머슴은 "소인을 죽여주십시오. 대감마님께서 달여드시는 약이 정력제라 하길래 욕심이 나서 두어 숟가락 훔쳐 먹었나이다. 그런데 그 날 이후로 거시기가 대성하여 도저히 참을 수 없어 마누라와 주야로 방사를 하느라 제 본분을 잊었나이다. 처음엔 좋았지만 거시기가 한시도 가만있지를 못해 이제는 후회막급입니다요."라고 실토하였다.

이에 재상이 "나는 그토록 오래 복용해도 눈곱만큼도 효과가 없더니, 너는 두어 숟가락에 그리 됐단 말이냐? 늙은이에게는 효험이 없고, 젊은이는 과도한 방사로 죽으리니 명약이 아니라 극약이로다."라고 말하며 약을 개울물에 버렸다고 한다.

이 이야기는 정력제에 관한 일화로, 개개인의 건강 상태를 고려하지 않고 무분별하게 정력제를 남용하는 것은 좋지 않다는 교훈(?)을 담고 있다. 그러나 이런 교훈에 앞서 드는 생각은 정력에 대한 갈망이 얼마나 강렬하면 남의 약까지 훔쳐먹을까 하는 것이다.

그렇다면 많은 사람들이 믿고 있는 정력제의 실체는 도대체 무엇일까? 최고의 정력제라고 알려진, 값비싼 물개 해구신海狗腎에는 효과를 기대하기 어려운 미미한 정도의 남성호르몬이 함유돼 있을 뿐이다. 보신파들이 열광하는 개고기, 장어, 뱀, 사슴 등 이른바 '스태미나 식품'은 대부분 고열량, 고단백, 고지방이기 때문에 체력을 보강하는 데 도움이 된다. 특히 이들 식품 속 지방은 남성호르몬과 DHEA와 같은 스테로이드 계열의 생식 호르몬 생성에 도움을 주므로 적당한 섭취는 도움이 된다. 특히 영양섭취가 충분하지 못했던 과거에는 스태미나 식품을 섭취하면서 체력을 보충했고, 체력은 정력에 어느 정도 영향을 주므로 예전부터 정력제로 간주돼 왔다. 쇠고기나 돼지고기가 귀했던 시절엔 생활 속에서 쉽게 구할 수 있는 뱀이나 개고기가 체력과 정력을 증진시켰을지 모르지만 오늘날에는 그렇지 않다. 오히려 스태미나 식품의 과잉 섭취는 정력을 떨어뜨릴 수 있다. 남성 발기의 핵심은 혈관인데 육류에 함유된 콜레스테롤 등이 혈관에 손상을 입히기 때문이다. 따라서 스태미나 식품의 지나친 섭취를 자제하고, 먹더라도 지방은 빼고 살코기만 먹는 것이 좋다.

정력제와 더불어 사람들의 관심을 한몸에 받는 것으로 최음제가 있다. 그리스어로 '사랑의 쾌락'을 뜻하는 최음제는 성 충동을 높여주는 자극제를 말한다. 서양에서는 술과 초콜릿이 주로 사용되었고, 동양에서는 약초나 동물의 생식기를 혼합해서 제조했다. 최근에는 신경을 극도로 자극하여 쾌감지수를 높여주는 마약 성분의 최음제들이 불법으로 유통되기도 하는데, 잘못 복용하면 돌이킬 수 없는 불행을 초래할 수 있다. 과다한 최음제 복용으로 복상사할 수도 있기 때문인데, 평소에 증상을 느끼지 못할 정도의 경미한 심혈관 질환자도 흥분상태에 의해 심근경색이나 뇌일혈 등을 일으키면 급사할 수 있다.

가장 약효가 뛰어난 정력제는 꾸준한 운동과 바른 식습관이며, 최음제의 으뜸은 침대에서 흘리는 땀임을 깨달아야 한다. 그러므로 성생활에 문제가 있다면 정체불명의 정력제를 구하려 애쓰지 말고 전문의의 도움을 받아 성기능을 개선하는 것이 바람직하다.

정력 증진에 도움이 되는 식품

굴

'바다의 우유'라고 불리는 굴은 단백질을 비롯해 타우린, 비타민, 칼슘 등 각종 미네랄이 함유되어 있고 특히 아연이 풍부하다. 아연은 전립선에 많이 있으며, 정액의 일부를 구성하고 정자의 활동을 활발하게 해 '섹스 미네랄'이라고 불린다. 아연은 또한 남성호르몬을 여성호르몬으로 바꾸는 '아로마테이즈'라는 효소를 억제하여 남성호르몬의 분비가 원활하도록 돕는다. 굴 2~3개를 섭취하면 정자 생산에 영향을 미치는 아연의 하루 권장섭취량 10mg이 충족된다. 그러나 미량 영양소 아연을 지속적으로 많이 섭취했을 때는 몸에 축적돼 오히려 독성을 일으킬 수 있으므로 한꺼번에 너무 많이 먹어선 안 된다.

전복

우리나라의 전복은 옛날 진시황이 불로장생을 위해 먹었던 것으로 유명했으며 전복포는 옛부터 훌륭한 정력식품으로 알려져 왔다. 전복은 아르기닌Arginine이라는 아미노산이 풍부하고, 철을 비롯하여 마그네슘과 구리 등 다량의 무기질과 비타민을 함유하고 있다. 아르기닌은 단백질을 구성하는 아미노산의 하나로 발기에 중요한 역할을 담당하는 산화질소의 원료인데, 음경해면체의 평활근 이완을 유도하여 혈관을 확장시키고 혈류량을 증가하게 해 발기를 촉진시킨다. 또한 전복은 타우린이 풍부하여 콜레스테롤의 함량을 저하시켜 동맥경화와 뇌졸중에 좋을 뿐 아니라 심장의 기능을 향상시킨다. 그리고 시력회복과 혈압강하에도 효과적이며 피로회복을 촉진하고 간장의 해독작용을 촉진시켜 병후의 원기회복에 효과가 있다.

부추

부추는 카로틴, 비타민 B₂, 비타민 C, 칼슘, 철 등의 영양소가 함유되어 있고 특히 베타카로틴의 함량이 다른 녹황색 채소에 비해서 월등히 높다. 《동의보감》에 따르면 몸이 찬 사람에게 부추를 먹임으로써 몸이 더워지는 것으로 기록되어 있다. 한의학에서 성 기능의 근본은 양기, 즉 열이라고 할 수 있는데 부추는 몸을 덥게 해서 양기를 북돋아 주므로 훌륭한 정력제가 된다. '기양초起陽草'라고도 불리는 부추는 성기가 차갑고 발기가 잘 되지 않는 경우에 효과를 볼 수 있으며 정기를 굳건하게 지켜서 정액을 저절로 흘리는 '유정'과 조루증, 소변을 찔끔거리는 '유뇨'의 치료에도 쓰인다. 또한 몸이 차가운 여성들의 불감증에도 좋다.

토마토

토마토는 영국에서는 '사랑의 사과', 이탈리아에서는 '황금의 사과', 미국에서는 '늑대 사과'라고 부른다. 이는 토마토의 모양과 맛이 좋기도 하지만 무엇보다도 정력 강화에 효과가 있기 때문이다. 토마토는 비타민A, 베타카로틴, 비타민C 등이 풍부하여 남성의 성 호르몬 생산에 필수적이며 18세기 유럽에서는 최음제로 사용하기도 했다. 토마토는 정력 강화는 물론 항산화 작용이 있어 암을 예방하는 효과 및 노화방지 효과가 있다.

토마토를 생식하면 혈액을 맑게 하고 간장 질환에도 효과적이어서 안주 재료로도 많이 쓰인다. 특히 소스, 케첩 등 열을 가해 조리하여도 그 효과가 감소되지 않는 특징까지 지니고 있다. 이로운 성분들은 주로 붉은 토마토에 있기 때문에 빨갛게 익은 토마토를 고르는 것이 좋다.

마늘

"마늘은 영웅을 위한 것이다."라는 서양속담에서 알 수 있듯이 마늘은 이집트, 그리스, 로마, 중국, 일본 등에서 오래 전부터 정력제로 사용되었다. 구운 마늘은 장기간 섭취하면 건강을 증진시킬 뿐 아니라 정력 강화에도 탁월한 효능이 있다.

마늘에 함유되어 있는 알리신allicin은 비타민 B_1과 결합하면 효력이 훨씬 강한 알리티아민이 되어 세포에 활력을 주고 성선을 자극, 성 호르몬의 분비를 촉진한다. 또한 마늘의 황화알릴류는 강한 살균작용이 있다. 마늘은 음위증이나 불감증에 걸린 이들에게 좋은 정력제로, 항암효과와 살균효과 등 병을 다스리는 데도 더할 나위 없이 좋은 식품이다. 젊은 사람들의 일시적인 불감증은 일주일쯤 마늘을 계속 먹으면 효과를 느낄 수 있다. 단, 마늘의 효능이 좋다하여 생마늘을 많이 먹으면 위벽이 상할 수 있으니 주의해야 한다.

복분자

먹고 나면 요강이 뒤집어질 정도로 소변 줄기가 세진다는 '복분자'는 옛날부터 한방에서 정액과 소변 양이 많아진다고 해서 정력제로 사용돼 왔다. 복분자라는 이름의 유래에 얽힌 재미있는 이야기가 있다. 먼 옛날 한 신혼 부부가 있었는데 어느 날 남편이 이웃 마을에서 볼 일을 보고 집으로 돌아오다가 길을 잃게 되었다. 숲속을 헤매던 남편은 배가 고파서 먹을 것을 찾다가 덜 익은 산딸기를 먹게 되었다. 그런데 남편이 다음날 아침 일어나서 소변을 보게 되었는데 소변 줄기가 너무 힘이 세어 오줌항아리가 뒤집어지고 말았다. 그래서 '뒤집어진다'는 뜻의 '복覆'과 '항아리'를 뜻하는 '분盆'을 합해서 '복분자覆盆子'라는 이름이 생겼다고 한다.

복분자는 폴리페놀이 들어있어 항산화작용을 하고 노화 속도를 늦추며 동맥경화와 혈전을 예방한다. 또한 항암효과가 있는 타닌, 콜레스테롤을 분해하는 사포닌이 들어있고, 시력과 기억력 향상, 혈관 보호에 좋은 안토시안이 들어있다. 이 밖에도 위장병을 억제하고 항암효과가 있으며 노화 방지, 남녀의 성기능 개선, 관절염 치료 등에 효과적이라는 연구 결과가 발표되었지만 먹고 나면 즉각 정력이 세진다는 얘기는 과학적 근거가 미미하다.

⚜ 여자이기를 포기하지 마라

폐경을 맞게 되면 여자들은 신체적인 변화와 건강에 대한 걱정으로 불안해지고 위축되기 쉽다. 월경이 멎음으로써 홀가분하기보다는 여자로서 이제 끝이란 생각에 자신감이 떨어지고 무기력해지기 쉽다. 그런 상황에서 배우자가 사망하거나 병에 걸려 몸이 불편하면 여자들은 성적인 접촉을 할 기회가 사라진다.

그러나 폐경 이후에도 여자들은 30년 이상을 더 살아야 한다. 따라서 여자로서 끝난 것이라는 부정적인 생각을 극복할 현실적인 방법을 찾는 것이 좋다. 폐경은 질병이 아니기 때문에 치료의 개념으로 접근하면 안 된다는 의견도 있지만 폐경기 증상이 심하고 여성으로서의 자아가 위협받고 있다면 적극적으로 증상을 치료할 필요가 있다.

폐경기 증후군을 치료하는 가장 대표적인 방법은 여성호르몬인 에스트로겐을 보충해주는 것이다. 에스트로겐은 1940년대 후반에 처음으로 폐경기의 문제들을 치료하는 데 사용되기 시작했다. 가장 대중적인 제제로 사용되는 에스트로겐은 프리마린으로 1960년대부터 1970년대 중반에 걸쳐 기세를 펼쳤는데 로버트 윌슨Robort Wilson의 유명한 책이 《영원한 여성성Feminine Forever》에 의해 더욱 인기를 얻었다. 에스트로겐 보충 치료는 안면홍조, 기억력의 소실, 질 위축, 우울증, 정력의 감소, 그리고 주름이나 흰머리 같은 일반적인 노화의 징후들에 대해 보호 효과가 있는 것으로 알려졌다.

그러나 미 국립보건원이 2만 7,000명의 여성을 대상으로 호르몬 치료에 대한 대규모 임상실험을 한 결과 장기간의 에스트로겐 치료는 유방암, 뇌졸중, 혈전, 심장발작을 일으킬 가능성이 높다고 알려져 대대적인 파장을 낳았다. 이에 많은 여성들이 폐경 증상을 완화하기 위해 에스트로겐에서 대체요법으로 방향을 돌렸다. 하지만 전문가들은 대체요법에 대한 연구 역시 아직 미비하다며 이 역시 호르몬 치료와 같은 위험을 안고 있다고 지적했다. 일각에서는 폐경 증상을 완화하기 위해 우선적으로 시도해 볼 것은 역시 호르몬 요법이라고 말한다.

폐경기를 건강하게 보내고 싶다면 약물치료도 중요하지만 먼저 라이프 스타일을 바꿀 필요가 있다. 식생활을 개선해 과다한 육류 섭취를 자제하고 짠 음식을 피해야 한다. 체내의 칼슘이 빠져나가는 것을 막기 위해 우유, 치즈, 뼈째 먹는 생선을 즐겨먹고 칼슘보조제를 섭취하는 것도 도움이 된다. 잡곡, 콩, 씨, 견과류, 과일, 나물 등을 골고루 먹는 것이 좋으며 자극적인 음식은 발열작용을 하므로 많이 먹지 말아야 한다. 또한 자기만의 방법으로 스트레스를 해소하고 체중을 줄이는 것도 도움이 된다. 특히 꾸준한 운동은 뼈와 심장을 튼튼하게 해주기 때문에 골다공증과 심혈관 질환을 이겨내고 우울증에서 벗어나는 지름길이다. 한 연구 결과에 따르면 폐경기에 스트레칭이나 심장 박동을 증가시키는 유산소 운동을 규칙적으로 하는 여성의 경우 전신 열 증세, 화끈거림, 불면증 등 폐경기 증상을 개선하는 데 도움이 된다고 한다.

폐경이 되면 여성호르몬 감소로 갱년기 증상이 나타날 뿐 아니라, 질 분비액과 생식기로의 혈류량이 감소하면서 성교 시 통증 등을 유발하거나 감각을 떨어뜨릴 수 있다. 여성의 몸은 나이가 들수록 건조해지는데 성교 시 통증 때문에 부부관계를 멀리하게 되면 성욕이 급격하게 감퇴되며 불감증까지 찾아오게 된다. 이런 상태가 지속되면 사랑받지 못하는 여성의 몸은 더욱 메마르게 되어서 실제로 여성 고유의 권리와 기능을 상실할 위기에 처한다.

질 건조증을 완화하기 위해서는 윤활제를 사용하는 방법이 있으며 약국이나 성인용품점에서 구입할 수 있다. 단, 윤활제를 사는 것이 창피하다고 해서 가정마다 하나씩 있는 바세린 종류나 베이비오일, 식용유를 사용해서는 절대 안 된다. 과거에 어느 며느리가 시어머니 방에서 참기름병을 발견했다는 웃지 못할 일화가 있는데 이런 물질들은 유해세균에 노출되어 위험할 뿐 아니라, 질벽에 흡착하여 질 감염증을 일으킬 수 있다.

질 건조증을 완화하는 또다른 방법으로 괄약근을 조절하는 케겔운동이 있다. 케겔운동은 남성에게는 발기력을 향상시키고 조루를 치료하는 효과가 있으며, 여성에게는 질의 괄약근을 강화시켜 성생활 만족도를 높여준다. 먼저 숨을 들이마시고 숨을 멈춘 뒤 항문 주위를 10초 동안 수축한 다음에 숨을 내시면서 10~15초간 이완한다. 10초 동안 수축이 힘들면 3초간 수축하고, 3초간 이완하는 짧은 케겔운동부터 시작하는 것이 좋다.

성에 둔감해지는 것은 노화를 재촉하는 지름길이다. 사랑을 하면 예뻐진다는 말이 있듯이 여자이기를 포기하지 말고 성을 즐기는 적극적인 자세가 필요하다.

갱년기 여성에게 좋은 음식

석류
여성의 과일로 주목받고 있는 석류는 인체에서 분비되는 여성호르몬과 구조가 거의 동일한 에스트로겐 계열의 호르몬이 종자 1kg당 10~18mg이 함유되어 있다. 또한 당질, 아미노산, 비타민, 산류 외에 풍부한 칼륨과 펙틴, 탄닌 성분 등을 함유하고 있어 수렴, 정혈, 항산화 작용을 한다.

콩
육류 못지 않게 고단백 식품인 콩에는 성인병을 유발하는 콜레스테롤이 전혀 없다. 함유량이 18%나 되는 지방도 대부분 불포화지방산으로, 그중 50% 이상이 몸을 구성하는 데 없어서는 안 될 필수지방산인 리놀레산과 리놀산이다. 이 성분은 혈관 벽에 끼어있는 콜레스테롤을 씻어내 혈관을 튼튼하게 해 준다. 또한 콩에는 이소플라본이라는 천연 항암물질이 들어 있는데 에스트로겐과 유사한 효과를 보여 식물성 에스트로겐이라고 불리기도 한다. 때문에 골다공증·발한·불면증·성욕감퇴 등 갱년기 증상을 예방하는 데 효과적이다.

블랙베리, 오디, 복분자 등의 베리류
복분자는 동의보감, 당본본초, 본초종신록 등 여러 고문헌에 그 효능이 언급돼 있으며, 현대의학의 약리작용 분석에서도 열매 안에 폴리페놀을 다량 함유, 항암효과, 노화억제, 동맥경화 예방, 혈전예방, 살균 효과 등이 있다는 것이 밝혀졌다. 오디의 성분으로는 포도당과 과

당·시트르산·사과산·탄닌·펙틴을 비롯하여 비타민A·B_1·B_2·D·칼슘·인·철 등이 들어 있다. 강장제로 알려져 있으며 내장, 특히 간장과 신장의 기능을 좋게 한다. 갈증을 해소하고 관절을 부드럽게 하며 알코올을 분해하고 마음을 편안하게 하여 불면증과 건망증에도 효과가 있다. 그 밖에 머리가 세는 것을 막아 주고 조혈작용이 있어서 류머티즘 치료에도 쓴다.

아마인

아마씨 속에 든 오메가-3 지방산은 혈전과 지방을 분해하여 피를 맑게 하고 혈관 벽의 찌꺼기를 청소하여 혈관을 튼튼하게 한다. 피가 맑아지면 혈관과 심장이 튼튼해져서 심장질환, 중풍, 치매, 고지혈증 같은 순환장애로 인한 고통에서 벗어나는 데 도움이 된다. 또한 식물성 에스트로겐으로 불리는 리그난Lignan이 다량 포함되어 있다. 리그난은 강력한 항산화제, 항암역할을 하며 인체 내에서 여성호르몬인 에스트로겐을 조절함으로써 골다공증, 관절염, 방광염, 질 건조증에 탁월한 효능이 있다.

겨자과 채소

브로콜리, 콜리플라워, 양배추와 같은 겨자과 채소에는 인돌-3카비놀이라는 성분이 천연적으로 존재한다. 연구의 의하면 하루 6번 이상 겨자과 채소를 섭취하면 유방암 발현에 도움을 주는 에스트로겐을 인체에 유용한 에스트로겐으로 바꿀 수 있다고 한다.

건강한 몸이 최고의 정력제

건강을 유지하는 것은 하나의 의무이며 육체상의 도의이다.
그러나 이를 의식하는 사람은 거의 없는 듯하다.

한국인의 평균수명은 약 78세이지만 건강수명은 그보다 10년 정도 적은 약 68세라고 한다. 여기서 건강수명이란 질병이나 부상으로 인하여 활동하지 못한 기간을 평균 수명에서 뺀 수치이다. 건강수명은 단순히 얼마나 오래 살았느냐가 아니라 실제로 활동을 하며 건강하게 산 기간이 어느 정도인지를 나타내는 지표로 선진국에서는 평균수명보다 중요한 지표로 인용된다. 미국 뉴잉글랜드 100세인 협회의 연구 결과에 따르면 100세 장수인들의 90%가 92세까지 자립생활이 가능했다고 한다. 장수를 누리는 것도 큰 축복이지만 그보다 더 중요한 것은 건강하게 독립적으로 사는 것이다. 흔히들 섹스는 건강의 보증수표라고 하는데 건강하지 못하거나 남의 손에 의존해서 살 수밖에 없다면 섹스를 즐기는 것 역시 불가능하며, 건강한 신체야말로 최고의 정력제라고 할 수 있다.

그렇다면 삶의 질을 떨어뜨리고 자립생활을 방해하는 질병은 어떻게 발생할까. 미국의 한 조사기관이 75세 이전 사망에 영향을 미치는 요인을 분석했다. 결과에 따르면 유전과 환경이 20%씩 차지한 데 비해 생활습관은 52%에 달했다. 특히 당뇨병, 뇌졸중, 심장마비는 물론 암의 발병조차 생활습관에 의한 영향이 40%에 가까울 정도로 높았다.

황혼의 성을 즐기며 건강하게 살기 위해서는 질병을 부르는 나쁜 생활습관에서 벗어나 스스로 섭생에 힘쓰고 꾸준히 자기관리를 해야 한다. 비만은 성인병의 주범이므로 식습관과 운동을 통해서 극복해야 한다. 여성의 경우라면 골다공증을 예방하기 위해 뼈에 칼슘을 듬뿍 저축해 놓는 것이 좋은데 그러기 위해서는 칼슘이 풍부한 음식을 섭취하고 운동을 병행하는 것이 좋다.

노년기의 건강에서는 특히 위기관리 능력이 요구되는데 매년 정기 검진을 받아 병이 커지기 전에 초동진압을 하는 것이 좋다. 그리고 수시로 몸 상태를 체크하며 어느 곳에 건강의 적신호가 켜졌는지 유심히 살펴야 한다. 소리없이 진행되는 병도 있지만 대개의 경우 말기에 이르러서야 증상을 발견하는 것은 평소 자신의 몸이 보내는 경고신호에 귀 기울이지 않았기 때문이다.

생활습관 다음으로 질병을 유발하는 요인으로는 가족력이 있다. 아버지와 어머니, 형제, 자매 등 친족의 질환을 파악하면 대충 자신이 어떤 병에 취약한지 알 수 있다. 가족 중 젊은 나이에 고혈압이나 당뇨병으로 고생을 하고, 40세 이전에 암으로 치료 또는 사망을 한 사람이 있다면 그렇지 않은 사람보다 10년 이상 앞당겨 건강검진을 정례화해야 한다.

사람들은 새해 벽두가 되면 야심차게 신년계획을 세우곤 한다. 그중에 빠질 수 없는 것이 건강관리에 관한 것으로, 올해는 꼭 담배를 끊겠다거나 운동을 해서 살을 빼겠다는 계획을 세우며 각오를 다진다. 하지만 작심삼일까지는 아니더라도 한두 달 지나면 시들해지기 일쑤다. 노년기의 건강관리를 위해서는 끝까지 관심을 잃지 않고 꾸준히 섭생에 힘써야 한다.

⚜ 운동으로 건강을 지킨다

불로장생을 꿈꾸며 진귀한 영약을 먹었던 진시황제보다 불로초를 찾던 선비가 더 오래 살았고, 우유를 매일 마시는 아주머니보다 우유를 매일 배달하는 아주머니의 뼈가 더 튼튼하다는 이야기는 운동이 그만큼 중요하다는 뜻이다.

사람이 나이가 들면 동적인 활동이 줄어들고 행동반경 또한 좁아지는데, 이렇게 운동이 부족해지면 몸속에 지방이 축적되어 비만이 시작된다. 또한 나이가 들면서 뼈밀도가 줄어들고, 근육의 힘도 감소한다. 심장의 힘이 떨어지면 폐활량도 줄어들고 평형 감각이 둔해져 순발력이 필요한 운동에는 적응하기 힘들어진다. 그리고 관절에 퇴행성 변화가 생겨 운동능력도 떨어진다. 이렇게 근력과 신체기능이 떨어지는 걸

방지하는 가장 좋은 방법이 바로 운동이다.

　노년기에도 꾸준히 운동을 하면 심장과 폐의 기능이 좋아지고 근육 이완 기능이 향상된다. 또한 노년기에 급속히 진행되는 노화현상을 방지하고 그 속도를 늦출 수 있으며 체지방 감소, 당 대사 향상, 근력 향상, 심폐기능 향상, 우울·불안증 등에 예방효과가 있으며 각종 노인성 질환을 막아주는 효과도 있다.

　노년기에는 신체 기능의 약화로 운동 중 상해의 위험이 크기 때문에 자신의 체력수준과 건강상태, 그리고 흥미에 맞는 운동을 선택하는 것이 좋다. 운동 상해를 예방하기 위해서는 운동 전후에 가벼운 스트레칭으로 몸을 충분히 풀어주어야 한다. 또한 노화로 인해 약화된 관절 주변의 근육을 강화시키기 위한 운동을 꾸준히 하는 것이 필요하다. 운동의 강도는 운동한 다음날 기분 좋을 정도의 피곤함을 느낄 정도가 적절하다. 운동시간과 횟수는 운동초기에는 부담 없이 가볍게 할 수 있는 정도로 하다가 점진적으로 시간과 횟수를 늘려나가는 것이 바람직하다. 노년기에는 신체 에너지를 반복적으로 너무 많이 소모할 경우 세포의 노화를 촉진시키고 근골격계통의 부상 위험이 있으므로 각별히 주의해야 한다.

　노년기에 적합한 운동유형은 팔과 다리 등 특정 부위만을 사용하는 소근육 운동보다는 몸 전체를 사용하는 조깅, 배드민턴 등 유산소 운동이 바람직하다. 유산소 운동에는 여러 종목이 있지만 노년기 신체 특성에 적합하고 기술 습득이 용이하면서 경제적인 종목으로는 걷기와 조깅, 수영, 게이트볼, 배드민턴 등을 들 수 있다.

걷기

걷기는 특별한 운동장비와 상해 없이 가장 안전하게 참가할 수 있는 유산소 운동이다. 또한 걷기는 같은 거리를 운동했을 때 조깅과 거의 같은 양의 에너지를 소비하기 때문에 운동효과가 크며, 노년기에 약화된 다리 근육을 신체에 무리를 주지 않고 안전하게 강화시킬 수 있다는 장점이 있다. 걷기 운동의 강도는 개인의 체력 수준에 따라 상이하지만 50대에는 일주일에 4일씩, 하루에 1.6km/20분씩 걷기 시작하여 12주 후에는 일주일에 4일씩 하루에 4.8km/45분씩 걸을 수 있도록 운동 강도를 점차 높여가는 것이 좋다. 그러나 걷기운동을 처음 시작한 사람이 걷는 속도나 거리를 급속하게 증가시킬 경우 근육, 무릎, 발목 등의 관절에 통증이 올 수 있으므로 주의해야 한다.

조깅

걷기부터 시작하여 체력이 단련되면 조깅을 병행하여 실시한다. 조깅은 신체를 유연하게 하고 신진대사를 높여주며 체중을 감소시키는 효과가 있기 때문에 당뇨병 등 노인성 질환의 예방 및 치료에 효과적이다. 조깅은 호흡조절에 유의하며 개인체력에 맞게 속도와 거리를 조절하는 것이 중요하다. 조깅은 많은 거리를 달려 체력을 향상시키는 데 목적이 있기 때문에 전신의 힘을 빼고 자신의 페이스를 유지하는 것이 중요하다. 조깅을 할 때 몸은 지면과 수직을 유지하고 눈은 전방 20~30cm 정도 위를 주시하며 보폭을 크게 하는 것이 좋다.

수영

　수영은 물속에서 부력에 의해 몸이 지탱되며 운동이 이루어지기 때문에 운동부하를 최소화할 수 있다는 장점이 있다. 따라서 노화로 인해 운동 기능이 약화된 노인들과 관절염과 요통 등으로 고통 받고 있는 노인에게도 효과적인 유산소 운동이다. 수영을 하기 위해서는 물에 대한 공포심을 없애는 것이 가장 중요하다. 그러므로 낮은 물에 들어가 걷거나 선 자세에서 앉았다 일어났다 하며 물속에서 눈을 뜨는 연습을 반복하면서 공포심을 없애도록 해야 한다. 이외에도 물에 떠서 균형 잡기와 호흡법 등을 충분히 익힌 후 수영기술을 습득하는 것이 좋다. 또한 물에서 활동하는 것만으로도 많은 운동이 되기 때문에 지나치게 수영기술을 습득하는 데 집착하는 것은 바람직하지 않다.

게이트볼

　게이트볼은 여러 사람이 함께 어우러져 운동을 하기 때문에 신체적 건강뿐 아니라 심리 사회적인 건강에도 매우 효과적이다. 또한 운동기술과 규칙이 간단하여 초보자도 곧바로 경기 참가가 가능하며 운동장소와 시설에 구애받지 않고 학교 운동장이나 공터 등의 작은 공간에서 손쉽게 실시할 수 있는 장점이 있다. 따라서 게이트볼은 남녀노소 누구나 참가가 가능하기 때문에 가족단위로 즐길 수 있는 몇 안 되는 운동 종목이라 할 수 있다. 게이트볼은 생활체육협의회의 동호인 조직에 가입하거나 노인복지회관에서 실시되고 있는 프로그램 등을 통해 참가가 가능하다.

배드민턴

배드민턴은 라켓과 셔틀콕만 있으면 언제 어디서나 즐길 수 있는 스포츠이며, 라켓으로 공을 정확히 맞추어야 하기 때문에 어느 정도 연습이 필요한 종목이다. 하지만 운동 참가자의 체력이나 기량에 따라 경기기술을 단순화시킬 수 있기 때문에 노인들도 쉽게 참가할 수 있다는 장점이 있다. 이외에도 공을 정확히 가격하기 위해서는 집중력과 판단력이 요구되기 때문에 치매예방에도 효과가 있다.

위에서 소개한 운동 외에도 자신의 흥미를 고려하여 신체나이에 적합한 운동 종목을 선택하여 실시하면 노후를 행복하게 보내는 데 도움이 될 것이다. 그러나 질환을 앓고 있는 노인들의 경우에는 반드시 전문가와 상의한 후 운동에 참가하는 것이 바람직하다. 혼자서 운동을 하는 것보다는 가능한 한 친구나 가족 등 동반자와 함께 하는 것이 좋다. 조기 축구회나 등산 모임 등의 동호회에 가입하여 운동을 하는 것도 좋은데, 여러 사람들과 어울리며 사회적 관계망을 형성함으로써 노년기에 직면하는 고독감이나 고립감 등 심리 사회적인 문제를 해결할 수도 있다.

❧ 나이 들수록 잘 먹어야 한다

노년기로 접어들면 미각, 후각, 시각, 기억력 등의 감퇴로 식품 섭취와 먹는 음식이 제한되기 쉽다. 신체적 제한으로 거동이 불편하면 쇼핑과 요리가 어려울 수 있고, 치아가 빠지거나 상태가 나빠져서 단단한 음식을 먹기 힘들 수도 있다. 노년기로 접어들어 수입이 줄거나 경제사정이 악화되면 양질의 음식을 먹거나 균형 잡힌 식생활을 하기가 힘든 것도 사실이다. 또한 사회적 고립과 우울증이 심해지면 식욕을 잃게 되고 요리에도 관심이 없어져 먹는 것이 부실해진다. 특히 혼자 사는 독거노인들은 혼자 먹는 밥상을 위해 음식을 차리는 것이 귀찮아 끼니를 대충 때우기 쉬운데 이런 경우 군것질, 폭식, 패스트푸드, 인스턴트 등 나쁜 식이 습관이 생길 수 있다. 그리고 노화로 인해 위장이나 신장 기능이 약해지면 먹은 음식물을 소화, 흡수, 배설하는 데 문제가 생김으로써 영양상태가 더욱 악화될 수 있다. 이러한 것들에 대한 심리적 위기감으로 건강유지와 노화방지에 강한 집착을 보이는 사람들이 있는데 영양제나 보약, 보신식품을 남용하는 것은 좋지 않다.

노년기 식단 구성에 있어서는 단백질, 칼슘, 무기질과 비타민, 당질, 지방 등 다섯 가지 기초식품군을 골고루 섭취하는 것이 좋으며 다음의 6가지 원칙을 참고하면 도움이 될 것이다.

첫째, 정상체중을 유지하는 것이 중요하다. 나이가 들면 기초대사량과 활동량이 감소해서 비만이 되기 쉬우므로 열량섭취를 적절히 줄이고 기름기 많은 음식을 피하는 것이 좋다. 비타민 B군과 섬유소가 풍부한 현미와 잡곡을 위주로 식사하는 것이 좋으며, 사탕이나 설탕 등의 당류는 열량이 높고 혈당을 상승시키므로 피하는 것이 좋다.

둘째, 활력을 얻고 신체조직을 회복하기 위해서는 매일 일정량 이상 양질의 단백질을 섭취할 필요가 있다. 필수아미노산이 충분히 함유된

닭고기, 생선 등을 중심으로 소화하기 쉬운 형태로 조리하여 한 끼에 한 가지는 충분히 섭취하도록 한다. 생선은 소화가 잘 되므로 자주 먹어도 좋지만 생선 내장이나 알은 콜레스테롤이 많으므로 주의한다.

 셋째, 고기 기름이나 쇼트닝, 마가린 등은 되도록 피하고 옥수수 기름, 참기름, 들기름, 올리브유 등 식물성 기름을 섭취하도록 한다.

 넷째, 뼈질환을 예방하기 위해 칼슘을 충분히 섭취해야 한다. 하루 1~2컵의 우유를 마시는 것이 좋으며 찬 우유보다는 따뜻하게 데워서 마시는 것이 좋다. 우유를 소화하기 힘들면 유당분해 우유나 칼슘이 보강된 두유를 섭취한다.

 다섯째, 철분 섭취에 유의해야 한다. 노년기에는 혈액성분을 만드는 골수에 변화가 오고 조혈영양소의 결핍으로 빈혈이 되기가 쉽다. 그러므로 철 함량이 높은 동물성 단백질과 콩류, 녹색 채소류를 충분히 섭취해야 한다.

 여섯째, 염분 섭취를 자제한다. 나이가 들면 미각이 감퇴하면서 더 자극적이고 강한 맛을 찾게 되며 짠맛에 대한 감각이 무뎌진다. 따라서 음식의 간을 볼 경우 소금을 과하게 넣지 않도록 주의해야 한다.

 몇 가지 덧붙여 말하자면 약해진 소화기능을 고려해 한 번에 배불리 먹기보다는 적게 자주 먹는 것이 좋다. 음식물을 제대로 소화시키지 못할 경우엔 채소, 과일, 고기를 잘게 자르거나 부드럽게 찌거나 믹서로 갈아먹는 지혜가 필요하다. 또한 탈수를 막고 신진대사를 촉진하기 위해 하루에 물을 6~7잔 정도 마시는 것이 좋다.

⋮

숲은 사랑스럽고 어둡고도 깊지만
나에게는 지켜야만 할 약속이 있고
잠들기 전 나는 몇 마일을 가야만 한다
잠들기 전 나는 몇 마일을 가야만 한다

–프로스트의 시 〈눈 내리는 저녁 숲가에 서서〉 中에서

황혼의 위기를 넘어서라
열 효자보다 악처가 낫다
황혼기의 이성교제
성공적인 노화를 위하여

황혼을 건너는 법

Part 4

황혼의 위기를 넘어서라

최고의 와인이 강한 식초로 바뀌듯이 아무리 깊은 사랑일지라도
사이가 틀어졌을 때는 무서운 증오로 바뀌는 법이다.

통계청이 발표한 '2008년 이혼통계'에 따르면 지난해 전국 이혼건수는 11만 6,500건으로 2007년에 비해 6.1%가 줄었지만 20년 이상 된 부부의 이혼건수는 2007년 2만 4,995건에서 작년 2만 6,942건으로 오히려 늘었다. 결혼한 지 20년 이상 된 부부의 이혼이 전체 이혼건수에서 차지하는 비중도 23.1%로 10년 전(12.4%)보다 두 배 증가했다. 연령대 별로도 이혼 연령이 55세 이상(남자 기준)인 황혼 이혼 건수가 1만 6,020건으로 작년보다 1,933건 늘었다. 이 중 65세 이상 이혼은 2006년 3,071건, 2007년 3,481건, 작년 4,409건으로 해마다 증가 추세에 있다.

오랜 결혼 생활을 하면 배우자를 충분히 이해하게 되는 만큼 파경을 맞는 일은 좀처럼 드물 거라는 상식을 깨고 결혼기간이 26년 이상인 부부의 황혼 이혼 신청률이 신혼부부들의 이혼 신청률을 앞지르고 있다.

'황혼 이혼'이란 신조어는 10여 년 전 일본에서 생겨난 것이다. 일본의 경우 황혼 이혼이 전체 이혼의 16%가 넘는데 그 가운데 80%는 여성 노인이 남편에게 이혼 소송을 제기해서 생긴 것이다. 중·노년의 이혼은 흔히 남편의 정년퇴직과 함께 찾아온다고 해서 '정년 이혼'이라 부르기도 한다.

현재의 노년 세대는 먹고 사는 데 급급하며 젊은 시절을 보냈고, 부부 중심의 관계가 돈독하기 보다는 아이들을 키우는 데만 주력하며 자식 때문에 산다는 말을 입에 달고 살았다. 남편에게, 혹은 아내에게 불만이 쌓이고 쌓여 당장 갈라서야지 하다가도 자식들을 보면 그런 생각이 쑥 들어갔다. 지금 당장은 자식들을 봐서 참지만 아이들이 다 크고 나면 나중에 두고 보자 하는 심정으로 살아온 것이 사실이다.

그러다 중년 후반이나 노년기에 접어들면 자식들이 장성해 부모 곁을 떠나고 '빈 둥지'에 부부만 달랑 남게 된다. 이 시기에 상당수 부부들은 겉으로는 만족스런 부부생활을 하는 것처럼 행세하지만, 마음 속으로는 결혼이라는 형기를 어쩔 수 없이 채우는 죄수의 심정으로 살아간다. 유일하게 공통된 관심사였던 자식이 떠남으로서 부부 사이는 서먹서먹해지고, 젊었을 때도 안 통하던 대화가 이제 와서 잘 될 리 만무하다. 자식 때문에 그동안 가려져 있던 부부 사이의 균열이 그제서야 보이기 시작하는 것인데, 이 시기를 슬기롭게 넘기지 못하면 황혼 이혼에 이를 수 있다.

젊었을 때 남편의 냉대와 구박에 서러움을 꾹꾹 눌러참으며 "30년 후에 봅시다."라고 마음 속으로 중얼거리던 아내들이 정말로 노년에 와서 지난날의 한풀이를 하는 경우도 적지 않다. 젊어서 이 여자 저 여자와 바람을 피우며 아내 속을 무던히도 썩인 남자들, 일에만 파묻혀 밖으로만 돌고 가정을 내팽개친 남자들이 노년에 와서 지난날의 과오에 대한 대가를 톡톡히 치르는 셈이다. 황혼 이혼이 주로 아내들에 의해 제기되는 것도 바로 이 때문이다.

황혼 이혼은 젊은 부부들의 이혼과는 양상이 사뭇 다르다. 젊은 부부들의 이혼은 성격 차이나 성적 차이, 혹은 배우자의 외도나 경제적 파탄으로 인한 것으로, 이혼을 충동적으로 하는 경우가 적지 않고 경제적인 사정 때문에 어쩔 수 없이 하는 경우도 있다. 그러나 황혼 이혼은 수십 년 동안 쌓이고 쌓인 불만과 분노가 마침내 폭발한 것이어서 "다 늙어서 무슨 이혼이냐? 지금까지도 잘 참고 살았는데 그러지마라."하고 말려봤자 아무 소용이 없을 정도다. 또한 이혼율이 급증하면서 이혼에 대한 생각이 많이 달라진 최근의 풍조도 황혼 이혼에 힘을 실어주고 있다. 이혼했다고 사람들의 손가락질을 받으며 죄인처럼 숨죽여 사는 세상은 이미 지났다. 그래서 그동안 가족과 자식을 우선시하며 자신을 희생시켜 온 사람들, 특히 아내들이 적극적으로 이혼을 요구하고 있는 것이다.

노년의 부부 갈등의 또 다른 원인은 세월이 흐르면서 남녀의 역할이 변하게 된다는 것이다. 대체로 남자들은 한 가정의 가장으로서 돈을 벌어오는 것은 물론이고, 남편으로서나 아버지로서 보호자 역할을 해왔다. 그런데 나이가 들어가면서 남자들은 이전보다 소심해지고 마음이 약해져서 의존적이 되지만 여자들은 오히려 능동적이고 독자적이 된다. 전에는 큰소리 떵떵 치고 남편으로서 군림하며 아내를 무시하던 남자들이 나이가 들어 경제력도 없어지고 의존적이 되어 보살핌을 필요로 하게 되면 아내들이 무시하거나 찬밥 취급을 하게 된다. 이로 인해 부부 간에 불화가 잦아지고 결국 이혼에 이르는 경우도 많다.

⚜ 남자는 약해지고 여자는 강해진다

경기도 일산에 사는 박 모 씨(60세)는 대기업 임원으로 근무하다 몇 년 전 퇴직을 했다. 사회적으로 인정받고 잘 나가던 남자일수록 은퇴 이후 과거의 영광에 집착하며 동년배들과 활발하게 어울리지 못한다. 잘 나갈 때는 친구들에게 거하게 한턱 쏘기도 하고 술자리에서 자신의 성공담을 자랑하기도 했지만, 퇴직을 하고 사회적 지위를 상실하게 되면 초라해진 모습을 보이고 싶지 않아 대인관계에 소극적이 되기 쉽다. 그런 남자들은 혼자서 조용히 취미생활을 즐기거나 집에 틀어박혀 아내로부터 심리적인 보상을 받으려고 한다.

그런데 평생 신주단지 모시듯 남편을 살뜰하게 보살피던 아내가 나이를 먹더니 달라지는 게 아닌가. 아파트 부녀회장인데다 동창회와 산악회 총무일을 하는 아내는 연예인 못지 않게 스케줄이 빡빡했는데 각종 모임에 나가느라 집에 붙어있는 날이 하루도 없었고 아침만 차려놓고 휙 나가버리기 일쑤였다.

박 씨는 아내가 자신에게 무관심한 것에 슬그머니 화가 났다. 그래서 매사에 짜증이 늘었고, 몸도 여기저기 아프기 시작했다. 평소 건강 염려증이 있어서 조금만 아파도 약을 챙기고 병원을 찾으며 유난을 떨던 박 씨였기에 아내는 아프다는 말에도 별 반응이 없었고 한 귀로 듣고 한 귀로 흘리는 듯했다.

그러던 어느 날, 지난 밤 늦게 귀가한 아내가 늦잠을 자서 아침밥을 10시가 넘어서야 차렸다. 박 씨는 "지금이 몇 신데 아침밥을 차리는 거냐? 새벽밥을 달라는 것도 아닌데 그거 하나를 제대로 못하냐?"라고 말하며 그동안 쌓인 감정을 폭발시켰다. 그러자 아내가 "아니, 아침밥 먹고 출근할 일 있어요? 할 일도 없이 빈둥거리면서 아침밥 조금 늦게 먹는 게 뭐가 대수라고 그렇게 화를 내요?"라고 쏘아붙였다. 그 뒤로 부부는 크게 싸웠고 안 그래도 소 닭 보듯 하던 부부 사이가 냉랭해졌다.

남자들은 나이가 들면 바깥 활동이 줄어들고 소극적이 되어 아내에게 의존하는 경향이 있다. 50대에서 60대를 거치면서 남성호르몬이 줄어들면 복부비만과 정력 감퇴, 근력 감소, 요통, 탈모 등의 증세를 겪는다. 또한 노년 이후 남성에게는 여성호르몬의 비율이, 여성에게는 남성호르몬의 비율이 상대적으로 높아진다. 남성호르몬의 분비가 급격히 줄면서 남자들은 성 행태뿐 아니라 성격이나 감정 등이 여성적으로 바뀌어 작은 일에도 잘 삐치게 된다. 반면 여성은 오히려 대범한 태도를 보이고 나이가 들수록 독립적이 되며 부끄러움을 타지 않는다.

일본에서는 은퇴 이후 아내에게 의존하는 남편들을 '젖은 낙엽'이라고 부른다. 신발에 붙으면 잘 떨어지지 않는 젖은 낙엽처럼 퇴직 후 집에 틀어박혀서는 집안일 하나 도와주지도 않으면서 이거 해달라, 저거 해달라 요구가 많은 남편을 비꼬는 말이다. 젖은 낙엽 같은 남편으로 인해 아내들도 괴로움을 겪는다. 평생 남편과 자식 뒷바라지만 하다가 이제 겨우 자기 시간을 갖고, 자신을 위해 살아보려는데 남편이 사사건건 잔소리를 하고 따라다니며 때아닌 시집살이를 시키는 것이다.

부부생활을 오래할수록 서로에 대한 관심이 적어지는 경향이 있는데, 이런 경우 대다수가 서로를 너무나 잘 알고 있다고 생각하기 때문에 더 이상 알려고 하지 않는다. 그래서 호르몬의 변화로 상대가 신체적으로나 심리적으로 변하는 것을 감지하지 못한 채 상대를 탓하고 불평불만을 늘어놓는다. 노년기에 접어들어 자신에게 변화가 찾아오기 시작하면 상대 또한 그런 변화를 겪게 된다는 것을 명심하고 서로에게 관심을 쏟아야 한다. 그렇게 하는 것만으로도 노년기의 부부 갈등을 해소하는 데 큰 도움이 될 것이다.

♣ 노년기의 부부관계

노년기의 배우자는 인생의 동반자일뿐 아니라 몸이 아플 때 가장 먼저, 가장 가까이에서 챙겨주는 사람이다. 원만한 부부관계는 노인의 삶의 질 전반에 대한 만족도를 높여주고, 건강과 장수에도 영향을 미친다. 또한 배우자는 공인된 성적 파트너로 이혼이나 사별로 인해 혼자가 된 노인들에 비하면 배우자가 있다는 것은 크나큰 복이라고 할 수 있다.

중년 이후나 노년기에 접어들어서도 건강한 성생활을 유지하려면 신체의 건강은 물론 배우자와의 관계가 안정적이어야 하고 서로에 대한 애정과 신뢰가 있어야 한다. 또한 심리적인 불안 요소가 없어야 하고 주변 상황이 어느 정도 정리가 되어 있어야 한다.

그러나 배우자가 있다 하더라도 병을 앓거나 건강상 치명적인 문제가 있으면 원활한 성생활을 하기 힘들다. 퇴직이나 경제적 문제로 스트레스가 심할 경우 남자들에게 발기부전이 와 부부 관계에 문제가 생길 수도 있다. 혹은 성에 흥미가 없고 무관심한 아내 탓에 남자들이 불만을 호소하는 경우도 있다.

> 66 나는 아직도 얼마든지 가능한데 아내가 아파서 어쩔 수가 없어. 큰 수술 받고 안정을 취해야 되는 몸이라 엄두도 못 내지. 하지만 나는 아직 생생하니까 참다 참다 안 되면 혼자 해결해. 솔직히 말하면 성매매라도 좋으니까 제대로 해보고 싶어. 아내한테 미안한 맘은 들지만 말이야. 99
>
> _충남 대전에 사는 강 모 씨(65세)

> 66 요즘은 집사람하고 집에 같이 있는 경우가 거의 없어. 내가 집에 있는 날이면 아예 밖으로 나가 버려. 한 보름 전에는 친구들이랑 여행을 간다며 나가더니 지방에 있는 친구 집에서 한동안 지내다 오겠다고 하더군. 전화해서 빨리 오라고 해도 이런저런 핑계만 대고 곰국을 보름치도 넘게 끓여놓고 갔으니 알아서 차려먹으라고 하데. 그러니 어쩌겠어. 아내 생각이 간절해도 섹스는 그냥 포기하고 지낼 수밖에. 나하고 처지가 비슷한 영감이 하나 있는데 박카스 아줌마를 알게 돼서 종종 만나는 모양이야. 그 영감

얘기 듣다보면 나도 그런 방법을 찾아야 하나 싶어. 99

_전북 전주에 사는 황 모 씨(70세)

66 오랜만에 오붓하게 아내와 신혼 시절을 생각하며 잠자리에 들려고 했는데 그게 제대로 서지 않는 거야. 몇 번이나 시도해 봤는데도 영 시동이 안 걸려. 아직 그럴 나이는 아닌데 왜 이러나 싶고 자꾸 움츠러드는 기분이야. 그러다 보니 아내는 아예 잠자리를 거절해 버리더군. 요즘 경기가 어렵다 보니 회사에서는 명예퇴직 얘기가 나오고, 사업 악화로 어느 어느 부서를 정리한다느니 하는 심란한 얘기만 들려. 그런 걱정으로 스트레스가 많아서 그런가보다 했는데 이러다 발기불능이 될 것 같아 겁이 나. 99

_서울 마포구에 사는 이 모 씨(53세)

66 아내가 애 둘을 낳고 나서 이쁜이 수술(질 축소수술)이란 걸 받았었어. 젊었을 때야 아주 좋았지. 근데 나이가 들어서 근육이 더 수축됐는지 부부관계를 할 때마다 도무지 삽입이 되지 않는 거야. 목 마른 사람이 우물을 판다고, 나야 아직도 욕구가 왕성하니까 러브젤을 사다줬지. 그런데도 아내는 무덤덤하고 젤을 바르는 게 성가시다며 협조도 잘 안 해 주는 거야. 요즘은 내가 신호를 보내면 오히려 모른 척하고 이리저리 피해 다녀. 그래서 폭발하기 일보직전이야. 99

_경기도 용인에 사는 김 모 씨(60세)

최근에 비아그라와 같은 발기부전 치료제가 나오면서 남성 노인들의 성기능이 좋아진 게 사실이다. 하지만 여성 노인들은 여전히 성에 수동적이며 나이 들어도 밝히는 남편이 부담스러워 피하는 경우가 많다. 아내가 젊어서부터 부부관계에 별 재미를 못 느낀 경우라면 나이

들수록 귀찮아지는 것이 당연하다. 그래서 아직도 성욕이 왕성한 남편들을 거부하게 되고, 그러다보면 남자들이 박카스 아줌마를 찾을 수밖에 없는 상황이 된다. 성기능 장애는 남자만 겪는 것이 아니며 여성이 성을 기피하고 즐거움을 느끼지 못하는 것도 일종의 성기능 장애로 볼 수 있으므로 적극적으로 치료하려는 노력이 필요하다.

남편의 욕구는 나 몰라라 하고 자기 생각만 하는 아내나, 아내의 입장은 고려하지 않고 무턱대고 밝히는 남편이나 둘 다 섹스를 자기 위주로만 생각하고 서로를 배려하지 않는 것은 마찬가지다. 지금이라도 자기 중심적인 생각에서 벗어나 서로를 살피고 배려하는 노력이 필요하다. 그동안 잠자리에서 별로 재미를 못 봤다거나 섹스 코드가 잘 안 맞았다고 해서 포기하기보다는 자녀들이 성장해서 떠나고 부부만 남게 된 이 시기를 제2의 신혼기라 생각하고 다시 한번 열정을 불태워도 늦지 않다.

❈ 상대를 배려할 줄 알아야

당나라의 시인 백거이白居易는 당 현종과 양귀비의 뜨거운 사랑을 읊은 시 '장한가長恨歌'에서 이렇게 읊고 있다.

칠월칠일장생전七月七日長生殿 7월 7일 장생전에서
야반무인사어시夜半無人私語時 깊은 밤 사람들 모르게 한 약속
재천원작비익조在天願作比翼鳥 하늘에서는 비익조가 되기를 원하고

재지원위연리지在地願爲連理枝 땅에서는 연리지가 되기를 원하네

천장지구유시진天長地久有時盡 높은 하늘 넓은 땅 다할 때가 있건만

차한면면무절기此恨綿綿無絶期 이 한은 끝없이 계속되네

싯구절에 나오는 비익조比翼鳥와 연리지連理枝는 영원한 사랑을 맹세할 때 빗대어 쓰는 말이다. 비익조는 암수가 각각 좌우 한 개의 눈과 날개를 가지고 있어서 혼자서는 날수가 없고 서로 몸을 맞붙인 채 각자 가지고 있는 날개를 퍼덕여 하늘을 나는 상상의 새다. 그리고 연리지는 뿌리가 다른 나뭇가지가 서로 엉켜 마치 한 나무처럼 자라는 것으로 남녀 사이 혹은 부부애가 진한 것을 비유하는 말이다.

연리지는 《후한서後漢書》〈채옹전蔡邕傳〉에서 유래한 말이다. 후한 말의 문인인 채옹은 효성이 지극하기로 소문이 나 있었다. 채옹은 어머니가 병으로 자리에 눕자 삼 년 동안 옷을 벗지 못하고 간호를 했다. 그럼에도 불구하고 어머니의 병세가 악화되자 채옹은 백 일 동안이나 잠자리에 들지 않고 어머니를 보살폈고, 결국 돌아가시자 무덤 곁에 초막을 짓고 시묘살이를 했다. 그 후 채옹의 방 앞에 두 그루의 싹이 나더니 자라면서 가지가 서로 붙어 성장하였고, 결이 이어져 마침내 한 그루처럼 되었다. 사람들은 이를 두고 채옹의 효성이 지극하여 부모와 자식이 한 몸이 된 것이라고 말했다. 이처럼 효성이 지극함을 나타낼 때 쓰던 말인 연리지는 시대가 흐름에 따라 남녀의 사랑을 상징하게 되었다. 연리지는 궁합이 맞는 두 나무가 성장하면서 서로의 뿌리와 가지가 얽혀서 자라는 것으로 이렇게 합쳐진 가지는 다시는 둘로

떨어지지 않는다고 한다.

　노년을 맞은 부부의 사랑 또한 비익조나 연리지와 같은 것이라고 말하고 싶다. 자녀가 성장해서 떠나갔다고 빈 둥지의 허전함을 한탄할 것이 아니라 그 자리를 부부간의 새로운 정으로 다시 채워야 할 때다. 자식을 키우느라고 잊고 지냈던 취미 생활을 즐기고, 새로운 일을 찾아나서는 한편 둘만 남겨진 부부가 서로의 고마움을 깨닫고 서로를 보듬을 수 있다면 보다 행복하고 아름다운 노후를 맞게 될 것이다. 노년에 원만한 부부관계를 유지하기 위해서는 서로를 배려하는 구체적인 노력이 필요한데 다음의 몇 가지 원칙이 도움이 될 수 있다.

　그중 첫째는 대화의 중요성이다. 원래부터 말이 안 통했다고, 새삼스럽게 할 말도 없다고, 꼭 말로 표현해야 아느냐고 하면서 말을 안 하기 시작하면 점점 더 입을 닫게 된다. 그러나 대화 없이는 상대가 원하는 것을 알 수도, 자신의 욕구를 표현할 수도 없다. 물론 대화에 앞서 상대방의 이야기에 진지하게 귀 기울이는 것을 잊어서는 안 된다.

　둘째, 서로의 취향을 존중하는 것이다. 젊었을 때는 아내가 남편의 취향에 맞추거나 무조건 따랐을 수도 있지만 이제는 자신의 취향을 상대방에게 강요해서는 안 된다. 상대방이 행복해지기를 진심으로 바란다면 상대방의 취향과 의사를 존중해주는 것이 기본이다.

　셋째, 늘 같이 붙어있지 말고 활동은 '따로 또 같이' 하는 것이 좋다. 아무리 부부라도 각자가 좋아하는 활동이 다를 수 있다. 서로 다름을 인정하면서 배려하고, 마음 맞는 활동을 같이 하는 것이 바로 '따로 또 같이' 다. 한쪽이 다른 한쪽에게 절대적으로 의존한다든가 매사에 기대어 사는 것은 성숙한 부부관계를 형성하는 데 오히려 방해가 될 뿐이다.

넷째, 집안일을 나눠 한다. 집안일은 사소해 보이지만 노년의 부부관계에서 참으로 중요하다. 설거지, 세탁기 돌리기, 빨래 정리하기, 청소, 쓰레기 버리기, 장보기 등 작아 보이지만 없어서는 안 될 집안일을 기꺼운 마음으로 나눠서 하라. 처음에는 아내를 위해서 시작했지만, 아내와 사별하게 되자 그것이 결국 자신의 홀로서기를 위한 바탕이 되었음을 깨달았다는 남성 노인도 있다.

다섯째, 서로를 불쌍히 여기며 감사하는 마음을 갖자. 노년 부부가 서로에게 갖는 감정 가운데 가장 깊은 공감을 불러일으키는 것은 측은지심, 바로 불쌍히 여기는 마음이다. 인생길을 같이 걸어온 동지애를 유지하려면 서로의 존재에 감사하는 마음과 애틋하게 여기는 마음이 필요하다.

여섯째, 부부의 사랑에도 공짜는 없다는 것을 명심하자. 원래 좋지 않았던 부부 사이가 나이 들었다고 어느 날 갑자기 좋아지는 법은 없다. 먹고 사느라, 아이들 기르느라 소진된 사랑의 에너지는 저절로 보충되지 않기 때문에 부부가 함께 노력해야 한다. 그러기 위해서는 서로에게 관심을 가져야 하며 상대가 진정으로 원하는 것이 무엇인지 알려고 노력해야 한다.

EQ 지수가 높은 배우자를 만나야 결혼생활이 행복하다

우리 부부의 EQ궁합은? 부부가 함께 다음 문항을 읽고 답하세요.

1. 취직하기 위해 '김현수 양' 앞이라고 써서 우편으로 이력서를 보냈다. 그런데 나중에 알고 보니 김현수 씨는 여자가 아니라 남자였다. 그렇다면 당신은 어떻게 하겠는가?
   a. 간단한 사과문을 써서 보내고, 그가 당신과 만나길 원하는지 알아본다.
   b. 나중에 전화를 걸어 농담하듯 실수를 얼버무린다.
   c. 당신이 실수를 후회하고 있다는 쪽지와 함께 이력서를 다시 보낸다.
   d. 누가 그렇게 부주의한 사람을 고용하겠는가 싶어 취직을 아예 포기한다.

2. 모임에 초청되었지만 모임에 참석한 다른 사람들을 잘 모른다. 참석자들은 대부분 자신의 일에만 관심이 있어 보인다. 당신이라면 어떻게 하겠는가?
   a. 누구나 똑같은 입장일 거라고 생각하면서 자신을 위로하겠다.
   b. 미소를 띠며 다가가 당신 스스로 분위기를 바꾸겠다.
   c. 책장을 둘러보고 있으면 누군가가 다가와 말을 걸고 당신을 구해줄 것이다.
   d. 무언가 통할 것 같은 여자(혹은 남자)에게 자신을 소개할 것이다.

3. 사랑하는 사람이 생겼다. 섹스를 하고 있고 당신이 막 클라이막스를 향해 치달아 가는데 상대방이 갑자기 섹스를 멈춘다면 어떻게 할 것인가?
   a. 조용한 말로 지금 내가 무엇을 원하는지 말한다.
   b. 내가 나도 모르게 그(혹은 그녀)를 기분 나쁘게 한 무언가가 있나보다 라고 생각한다.
   c. 아무 말도 하지 않고 넘어가겠지만 다음번에 잘해줄 것이라고 기대한다.
   d. 화가 나서 다른 사람을 사귀는 게 낫겠다고 한바탕 퍼붓는다.

4. 다음에 들어갈 말 중 적합한 말을 하나만 골라 완성하시오. "자상한 파트너라면 항상 (   ) 것이다."
   a. 내가 무얼 생각하는지 알
   b. 풍요롭게 지내고 싶은 내 욕구를 만족시켜줄
   c. 내가 이야기할 때 잘 들어줄
   d. 나의 잃어버린 반쪽일
   e. 나와 함께 시간 보내길 원할

f. 나의 있는 그대로를 받아들일
g. 나를 그의 친구, 가족, 또는 직장 동료들보다 앞서서 생각할

5. 통신판매를 시작한 지 이틀 동안 백 명에게 전화를 걸었지만, 하나도 팔지 못했다. 그 다음에 어떻게 하겠는가?
a. 일단 판매 방법을 조절하고 계속하면 누군가 물건을 사줄 것이다.
b. 이것은 일시적으로 겪는 어려움이라고 생각한다.
c. 일을 쉬면서 실패한 이유를 분석할 것이다.
d. 일을 그만두고, 시간 낭비했다고 생각할 것이다.

6. 다음에 들어갈 말 중 적합한 말을 하나만 골라 완성하시오.
"나는 나의 삶을 ( )이라고 생각한다."
a. 전체적으로 볼 때 창조적으로 통제할 수 있는 것
b. 계속되는 실험
c. 실패를 꾸준히 극복하려는 노력의 연속
d. 운명적

7. 다이어트를 시작했는데 오히려 3kg이 늘었다. 그 이유가 무엇이라고 생각하는가?
a. 다이어트를 실천하기보다 마음속으로만 희망했기 때문이다.
b. 다이어트를 제대로 하지 않았을 뿐이다.
c. 다이어트를 제대로 할 시간이 없었다. 시간 문제일 뿐 언제든지 마음만 먹으면 가능하다.
d. 아마도 운동을 충분히 하지 않았기 때문인 것 같다.

8. 다음 6개의 질문에 당신의 생각과 맞으면 '예', 맞지 않으면 '아니오'라고 답하시오.
a. 나는 결코 정직하지 않다. ( )
b. 내가 보는 남들의 첫인상은 거의 정확하다. ( )
c. 내 성격이나 기질은 못된 구석이 많다. ( )
d. 나는 상당히 충동적인 구매자라고 할 수 있다. ( )
e. 만약 내일 직업을 잃는다면 나는 다음 주 동안 내가 무엇을 잘못했는지 분석

하면서 시간을 보낼 것이다. ( )
f. 사랑에 빠진 첫 단계에서는 사랑하는 사람 외에 일이나 친구, 가족들도 눈에 안 들어오는 경우가 종종 있다. ( )

9. 누군가 새로 산 옷을 자랑하고 있다. 저렇게 자랑하는 사람을 보면 당신은 어떤 생각이 드는가?
a. 그(혹은 그녀)는 승진을 했거나 멋진 데이트 상대를 만나 지금 기분이 매우 좋아보인다.
b. 멋진 옷을 입는다는 자체만으로도 기분 좋은 일이다.
c. 멋진 옷을 입고 거래처 사람을 만나거나 프레젠테이션을 하게 되면, 아무래도 좋은 결과가 나올 것이라 기대된다.
d. 자랑하든 말든 별 관심 없다.

10. 오랫동안 만난 친구가 있다. 그러나 그 친구는 약속 시간에 항상 늦는 버릇이 있다. 당신이라면 친구를 어떻게 다루겠는가?
a. 실제 만나려는 시간보다 30분 먼저 만나자고 약속한다.
b. 친구가 왜 늦는지 그 이유를 알려고 한다. 항상 늦는 이유가 반드시 있을 것이다.
c. 어느 정도 기다리다가 자리를 떠나 버린다.
d. 당신이 참을 수 있는 한계를 이야기하고, 자꾸 그러면 우정에 금이 갈 수도 있다고 경고한다.

11. 다음과 같은 상황에 직면하면 얼마나 당황하겠는가? 다음 네 가지 중에서 고르시오.

① 아주 당황한다.   ② 어느 정도 당황한다.
③ 조금 당황한다.   ④ 전혀 당황하지 않는다.

a. 주문을 받는 웨이터가 무례하게 군다면? ( )
b. 당신 앞의 운전자가 꾸물거린다면? ( )
c. 동료가 당신의 아이디어를 훔쳤다면? ( )
d. 당신의 가장 친한 친구가 다른 친구를 배신했다면? ( )
e. 당신의 어머니가 당신의 외모에 관해 나쁜 말을 했다면? ( )

f. 계란 한 꾸러미를 떨어뜨렸는데 그것이 모두 깨졌다면? (　)
g. 한밤중에 당신이 잠들려는데, 이웃집 아이가 끊임없이 울어댄다면? (　)
h. 휴일에 찍은 사진이 노출을 잘 맞추지 못해서 사진이 모두 잘못 나왔다면? (　)

12. 처음으로 온가족이 함께 산 정상에 올라 다음 코스로 이동하려고 하는데, 당신의 자녀가 이제 그만 내려가자고 조른다. 그럴 경우 어떻게 하겠는가?
 a. 아이는 역시 성가신 존재라는 생각이 든다.
 b. 다 큰 아이들은 산을 무서워하지 않는 법이라고 타일러서 다음 코스로 함께 이동한다.
 c. 아이들에게 걱정할 필요가 없다고 이야기한다. 그러나 아이가 많이 피곤해하거나 무서워하는 것처럼 보인다면 아이들을 먼저 내려보낸다.
 d. 두말없이 아이와 함께 내려온다.

13. 누군가가 나를 미워한다면, 내가 사랑하는 사람을 해칠까 봐 걱정이다.
 a. 아니오. b. 예

14. 나는 불안하면 주변 사람들에게 과민하게 반응할 때가 종종 있다.
 a. 예 b. 아니오

15. 당신이 생각했을 때 아주 뛰어난 아이디어라고 생각해서 동료에게 설명하고 있는데, 동료가 동의하지 않는다면 당신은 어떻게 하겠는가?
 a. 더 완벽하게 설명해서 그 동료가 내 생각을 이해하도록 돕겠다.
 b. 화가 나서 설명을 멈춘다.
 c. 일단 지금은 얘기를 멈춘다. 그에게 아이디어를 생각할 시간을 주고, 다음날 다시 이야기한다.

☞ 답을 체크한 후 다음에 적힌 대로 점수를 매겨보세요.

1. a=2점, b=0점, c=0점, d=0점.
2. a=2점, b=0점, c=0점, d=1점.
3. a=2점, b=0점, c=0점, d=0점.
4. a=2점, b=0점, c=2점, d=0점, e=2점, f=0점, g=2점

5. a=2점, b=1점, c=0점, d=0점.
6. a=2점, b=1점, c=0점, d=0점.
7. a=0점, b=2점, c=0점, d=1점.
8. '예'=0점, '아니오'=2점
9. a=2점, b=0점, c=1점, d=0점
10. a=1점, b=2점, c=0점, d=0점
11. a의 ①=0점, ②=2점, ③=1점 ④=0점,
    b의 ①=0점, ②=2점, ③=1점 ④=0점,
    c의 ①=0점, ②=2점, ③=1점 ④=0점,
    d의 ①=0점, ②=2점, ③=1점 ④=0점,
    e의 ①=0점, ②=2점, ③=1점 ④=0점,
    f의 ①=0점, ②=2점, ③=1점 ④=0점,
    g의 ①=0점, ②=2점, ③=1점 ④=0점,
    h의 ①=0점, ②=2점, ③=1점 ④=0점.
12. a=0점, b=0점, c=1점, d=2점
13. a=0점, b=2점.
14. a=0점, b=2점.
15. a=1점, b=0점, c=0점

당신의 EQ 점수 합계는? (   )

☞ 결과보기
낮음 : 점수 합계가 0~7점
자기 중심적이고 충동적인 성격으로, 자기의 감정을 이해하지 못하기 때문에 타인의 감정을 헤아릴 수 없고 욕구를 제어하는 힘이 약하다. 감정 조절이 잘 안 돼 원치않는 폭력이나 일탈행위로 이어질 수 있다. 만약 부부 모두가 이런 점수를 기록했다면 부부생활을 영위할 가능성이 매우 낮다. 단, 다른 배우자는 EQ 지수가 보통이거나 높은데, 나머지 배우자가 낮게 나타났다면 높은 쪽 배우자의 헌신과 이해가 결혼생활을 유지하는 데 중요한 요소가 될 것이다. 낮은 점수의 EQ 지수를 기록한 배우자는 다른 사람과 입장을 바꿔놓고 생각하는 습관을 들이고, 흥분하지 않고 자기 의견을 전달하는 훈련을 해야 한다.

보통 : 점수 합계가 8~20점
자신의 문제를 분명히 알고 있고, 자신이 처한 문제 상황을 어느 정도 통제할 수 있다. 또 자신의 감정을 행동으로 드러내 표현할 줄도 안다. 단, 자기 맘에 들지 않는 사람들을 너무 싫어하거나 혐오하는 편견 혹은 고정관념이 강할 수 있다. 그래서 남들에게는 친절하게 잘 대하지만 집에 들어가서 자신의 울화나 불만을 배우자나 가족에게 푸는 경향도 있다. 다른 사람의 평가나 비판에 민감하고 자신이 하는 일에 반응을 해주지 않으면 화를 내기도 한다.
보통의 EQ 소유자들은 자신의 노력 여하에 따라 높은 EQ를 가질 수 있다. 이 점수대의 부부라면 늘 자기 감정을 분명히 표현하고, 상대방 입장에서 생각해보는 버릇을 들이도록 한다. 결혼 만족도나 행복감은 낮거나 보통일 수 있지만 결혼 유지도는 보통이다.

높음 : 점수 합계가 21~38점
EQ 수준이 상당히 높은 편에 속한다. 자신의 삶에 의욕이 넘치고, 일정한 목표를 세우고 노력하는 편이며 자기 감정을 잘 알고 있고 배우자의 심리도 파악할 줄 안다. 또 배우자를 설득하기 위해서는 어떻게 해야 하고, 가정의 행복을 위해서는 어떻게 해야 하는지도 잘 알고 있다. 단, 자신이나 타인의 감정을 이해하거나 조절하는 데 있어 한두 가지 어려움을 가지고 있다. 나보다 타인을 먼저 생각하고, 지금보다 더 나은 가치를 추구하려고 노력한다면 아주 좋은 EQ수준으로 발전할 수 있다.

매우 높음 : 점수 합계가 39~48점
자신의 감정을 잘 다룰 줄 알고 결코 충동적으로 행동하지 않는다. 기분 나쁜 일이나 스트레스 상황에 처해도 회복력이 빠르다. 성격이 낙천적이어서 매사를 긍정적으로 보기 때문에 정신적으로 무척 건강하다. 어떤 일을 계획할 때 자신의 능력을 고려하면서도 타인을 배려하는 측면이 많아 인간관계도 좋다. 이런 유형의 사람들은 사회적으로도 성공할 가능성이 매우 높다. 배우자를 충분히 배려하기 때문에 결혼 만족도나 행복감이 높고, 결혼 유지도도 남달리 높다.

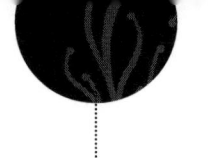

열 효자보다 악처가 낫다

생의 마지막 순간에 이르러 자기가 걸어온 길을
되돌아 볼 때, 가장 가치있는 단 하나의 질문은
"나는 누군가를 얼마나 사랑했는가?" 하는 것이다.

50대 이상 연령층의 이혼은 젊은이의 객기가 아니며, 그야말로 인간다운 삶을 추구한 결과로 보인다. 황혼 이혼자들을 대상으로 한 조사에서 재혼 희망자가 62.5%를 차지한 것으로 나타났는데 젊은 세대의 재혼은 자녀양육이나 생활안정 등 필요에 의한 경우가 많지만, 황혼의 재혼은 제대로 한번 살아보고 싶은 욕구의 소산이다.

2007년 통계청 자료에 따르면 65세 이상 재혼 건수는 꾸준히 증가하는 것으로 나타났다. 남자의 경우 1996년 922명에서 2006년 1,761명으로 1.9배가 늘었다. 여자는 1996년 170명에서 2006년 509명으로 3.1배나 증가했다. 또 젊은 시절 배우자와 이혼한 노인 중의 절반 이상이 노후에 재혼을 원하는 것으로 조사됐다.

이처럼 황혼기에 제2의 신혼을 꿈꾸며 새로운 반쪽을 찾아나서는 노인들이 증가하고 있다. 주위의 따가운 시선이나 자식들의 만류에도 불구하고 내 인생은 나의 것이라고 당당하게 외치며 길어진 노후를 함께 보낼 짝을 찾는 것이다.

황혼 재혼의 이유도 많은 변화를 보이고 있다. 과거에는 주로 경제적인 부담을 덜기 위해 재혼을 택하는 경우가 많았지만 최근에는 혼자라는 외로움을 달래기 위해 배우자를 원한다. 그리고 외로움을 달래는 데에는 성적 욕구 충족도 상당 부분 영향을 끼친다.

옛말에 "열 효자보다 악처가 낫다"라는 말이 있다. 자식이 아무리 부모에게 잘한다 해도 동년배이자 평생을 함께 살아온 아내와의 끈끈한 유대감과 공감은 다른 누구도 대신할 수 없기 때문이다.

결혼정보회사에서 수년 동안 노인 만남 행사를 주관해 온 어느 담당자에 따르면 지금까지 기회가 별로 없었을 뿐, 황혼세대 역시 이성교제에 대한 욕구가 강하다고 한다. 또한 젊은 세대와 다르게 연륜과 안목으로 상대를 보다 잘 파악하기 때문에 오히려 가식없고 자연스러운 만남이 이뤄진다고 한다.

수명이 연장되면서 황혼 재혼도 사회가 함께 고민해야 할 중요한 주제가 되고 있다. 50대에 이혼하거나 사별하면 적어도 20년 이상, 60대는 10년 이상을 혼자 살아야 한다. 결코 짧지 않은 시간이다.

인간은 출생과 동시에 타인과 같이 자라고 일하며 생활하고 늙어간다. 이성에 대한 욕구는 자연스럽고 본능적인 것이며 나이가 들었다는 이유만으로 남녀가 따로 유별하게 살아가라고 강요할 수는 없다. 오히려 나이가 들수록 고립되고 외로워지기 때문에 노인이야말로 동반자가 절실하게 필요한 존재다.

그러나 현실적으로 노인들이 짝을 찾아 재혼하는 것이 쉽지 않은데 여기서 가장 큰 장애물은 의외로 자녀들이다. 자녀들은 부모의 재혼으로 새로운 가족관계가 형성됨으로써 발생할 수도 있는 문제들이 달갑지 않은데 부모의 재산이 많을수록 이런 경향은 강하게 나타난다. 때문에 재혼 당사자가 체면을 차리고 눈치를 보느라 기회를 놓치는 경우도 많다.

이런 현실에서 굳이 결혼이라는 형식을 고집하기보다는 동거나 연애 등으로 해결점을 찾는 편이 낫다. 우리보다 앞서 고령화 사회에 도달한 미국에서는 결혼하지 않고 동거하는 커플이 최근에 급격히 늘고 있다고 한다. 동거를 하게 되면 결혼 실패로 인한 부담에서 벗어날 수 있고, 또한 결혼으로 인해 생기는 재산분배 문제에서도 자유로울 수 있다.

황혼 재혼 상대로 인기 있는 유형은 남자의 경우 어려 보이고 다소 나이 차이가 나는 여성을 원한다. 반면 여자들은 경제력 있고, 위엄을 갖추고, 단정한 남자를 선호한다.

재미있는 현상은 남자가 여자의 외모를 중시하는 것은 세대를 막론하고 비슷하지만, 여자의 경우 나이가 들수록 듬직한 남자다움을 원한다는 것이다. 물론 황혼 재혼이라는 특성 때문에 남녀 모두 최소한 생활에 쪼들리지 않을 정도의 경제력을 갖춘 이성에 대한 선호가 뚜렷이 나타난다.

 황혼 세대에게 아직은 이성을 만날 기회가 적다. 하지만 본인의 적극적인 노력과 인생을 멋있게 살고자 하는 의욕이 있다면 만남의 가능성은 충분하다. 재혼 혹은 교제 의사를 당당하게 밝히고, 주변의 인정을 받는 건강한 모습은 황혼의 사랑에 대한 인식을 바꿀 수 있다.

⚜ 황혼 재혼을 하면 좋은 점

 춘천에 사는 강 모 할아버지(68세)는 최근 복지관 친구들 사이에서 '회춘한다'는 말을 자주 듣는다. 안 입던 양복에 향수까지 뿌리고 전에 비해 표정이 한결 밝아진 강 할아버지의 이런 변화는 1년 전 김 모 할머니(63세)를 만나면서 시작됐다.

 아내와 사별한 지 올해로 9년째 되는 강 할아버지는 아내의 빈 자리가 너무도 컸던 탓에 극심한 외로움에 시달렸고 우울증까지 앓았다. 그러자 이를 안타깝게 여기던 친구가 강 할아버지에게 복지관에 나가 볼 것을 권했다. 처음에 별로 내켜하지 않던 할아버지는 그곳에서 함께 탁구를 배우던 김 모 할머니와 친해지게 되었고, 좋은 감정이 싹트기 시작했다. 결국 강 할아버지는 남은 여생을 김 할머니와 함께 하고 싶은 마음에 결혼까지 생각하게 되었다. 다행히 양쪽 자녀들이 재혼을 찬성해서 강 할아버지는 곧 김 할머니와 살림을 합칠 계획인데 둘이 함께 신혼 살림을 장만하는 재미에 푹 빠져있다.

 일반적으로 사람들이 결혼하는 이유는 대개 성적 만족과 정서적 안정, 자녀출산에 대한 욕구, 경제적 보장, 사회적 지위획득 등의 개인적 욕구를 비롯하여 사회성원의 충원, 사회적 유대감의 증대라는 사회적 욕구를 충족시킬 수 있기 때문이다. 그런데 홀로 된 노인들이 재혼하는 이유는 가장 큰 이유는 서로 의지하고 보살피며 고독감과 적막감을 해소하기 위해서고, 이는 그 어떤 이유보다도 절실하다.

황혼 재혼은 유럽이나 미국에서도 성행하고 있는데 국가별로 노혼율을 비교해 보면 영국, 미국, 캐나다, 스웨덴 등이 한국에 비해 월등히 높다. 그 이유는 서구 사회에서 노혼이 노인복지의 일환으로 적극 권장되었기 때문이다. 유럽 국가들은 오래전부터 연금제도가 활발하게 운영되고 있어서 노인들이 재혼하는 경우 부부의 연금을 합치면 경제적인 면에서 더욱 윤택한 생활을 할 수 있다는 이점이 있다.

황혼 재혼은 이러한 경제적인 이점 외에도 노인들의 건강을 보장하고 질병을 예방하는 데 도움이 된다. 배우자를 잃은 노인들은 극심한 상실감과 외로움에 시달리게 되고, 부부생활에서 느끼는 따사로움과 관심을 제대로 받지 못하게 된다. 이로 인한 심리적 고통은 노인들의 면역기능을 떨어뜨리고, 각종 대사 과정의 균형 또한 깨지게 된다.

재혼 노인과 독거 노인을 비교 조사한 결과에 따르면 재혼한 노인들이 혼자 사는 노인들보다 훨씬 더 건강한 생활을 하고 있으며, 삶의 질이 높고 외로움의 정도가 낮은 것으로 알려졌다.

더욱이 노인에게 있어 성생활이나 결혼생활의 효용은 젊은 사람보다도 크다고 할 수 있다. 노인이 생의 보람을 유지하기 위해서는 가족이나 배우자 간의 애정욕구 만족, 심신의 건강, 경제적 안정, 좋은 말상대, 취미나 평생직업, 타인에게 도움이 되는 역할 수행, 쾌적한 주택, 적당한 성적 만족 등 기본적이 조건이 필요하다. 노인의 성생활이나 재혼은 이러한 조건을 크게 만족시켜 준다.

그러므로 노인들의 재혼은 사회적으로도 충분히 환영 받아야 한다. 우리나라에서는 노년의 재혼에 대해 흔히 동반자를 가진다는 의미만 부각하고 애정보다는 우정을 강조하며 성적인 사랑은 은근히 홀대하는 경향이 있다. 노인들은 성 기능이 감퇴했기 때문에 그들의 재혼이란 그저 일상생활을 함께 할 반려자를 찾는 데 지나지 않는다고 생각한다. 그러나 건강상태가 좋은 노인들은 고령에 이르러서도 충분히 성욕을 갖고 있고, 능력이 다소 못 미친다해도 약물이나 다른 보조수단을 사용하여 성생활을 누릴 수 있다. 따라서 노년기의 재혼을 언급할 때 성적인 사랑을 무시해서는 안 된다.

⚜ 자녀들의 반대가 가장 큰 걸림돌

대구에 사는 김 모 할머니(66세)는 7년 전 남편과 사별하고 혼자 지내다 2년 전 등산 모임에서 배 모 할아버지(69세)를 만나게 되었다. 서로 취미도 비슷하고 마음이 잘 통해 데이트를 즐기다가 배 모 할아버지의 적극적인 애정공세에 재혼까지 결심하게 되었다. 그런데 재혼 얘기를 자식들에게 꺼내자 생각보다 반대가 거셌다. "평생 아버지만 알고 살아온 어머니가 어떻게 다른 남자를 맞아 살 수가 있느냐?", "다른 사람들이 우리 집안을 어떻게 보겠냐?"는 말에 마음의 상처를 입은 김 씨는 결국 재혼을 포기했다. 배 모 할아버지와는 자식들 눈을 피해 몰래 만나고 있지만 눈치가 보여서 마음이 영 불편하고, 내가 왜 이러고 살아야 하나 싶어 서글픈 생각이 든다고 한다.

서울에 사는 최 모 할아버지(67세)와 이 모 할머니(61세)도 사정은 마찬가지다. 두 사람은 2년 전부터 교제를 시작해 서로의 집을 오가며 거의 부부처럼 지내고 있지만 정식 결혼은 하지 못하고 있다. 양쪽 다 자식들에게 재혼 얘기를 꺼낼 엄두가 나지 않아서다. 그런데 이 모 할머니가 할아버지 집에 와서 저녁식사를 준비하던 어느 날 예고도 없이 갑자기 할아버지의 자식들이 찾아오게 됐다. 당황한 할머니는 옷장으로 숨었고 좁은 공간에서 몇 시간 동안을 쭈그리고 앉아 있어야 했다. 평소에도 관절염이 있던 할머니는 그로 인해 증세가 악화돼 무릎이 아파왔고, 할아버지는 할머니에게 미안해서 어쩔 줄을 몰랐다고 한다.

이런 현실을 놓고 보았을 때 노년기 재혼 앞에는 아직도 험난한 가시밭길이 펼쳐져 있다. 한 재혼전문업체가 노인을 대상으로 재혼 희망 여부에 대해 조사한 결과, 62.5%가 황혼 재혼을 희망한다고 나타났다. 그런데 재혼을 희망한 노인 가운데 48%만 재혼에 성공했다고 한다. 재혼을 희망하지만 재혼하지 않은 노인들은 재혼 결심을 할 수 없었던 이유로 62%가 자녀들의 반대, 21%가 미래에 대한 불안함, 12%가 자녀 혹은 상대방에게 부담주기 싫어서, 5%가 경제적 이유라고 응답했다.

황혼 이혼이 증가하면서 재혼 역시 자연스럽게 증가하는 추세에도 불구하고, 정작 홀로된 노인이 이성 친구를 사귄다고 하면 자식들이 망신스럽다며 펄쩍 뛰고 반대를 한다. 전통적으로 노혼을 부적절하게 보는 시각이 지배적인데다 재혼을 함으로써 자식들과 멀어지고 그들의 마음이나 태도가 달라질 것을 염려하는 노인들도 있다. 특히 여성 노인들에게는 일부종사 같은 유교적 미덕이 걸림돌로 작용하기도 한다.

그런데 자녀들이 부모의 재혼을 꺼리는 데는 남의 이목이나 체면, 먼저 세상을 떠난 부모님에 대한 도리 외에 유산상속과 관련한 경제적인 이유도 크다.

경제력이 있는 부모가 재혼을 해서 배우자가 생기게 되면 유산 배분이 달라질 수밖에 없다. 부모가 정식으로 혼인을 하는 경우 혼인 기간에 상관없이 배우자는 1.5의 지분을 상속하고 자녀들은 1씩의 지분을 받게 된다. 으레 자신들의 몫이라 생각했던 것을 새 어머니나 새 아버지가 가로챈다는 생각이 들기 때문에 자식들로선 부모의 재혼이 썩 반갑지만은 않게 된다.

그리고 자녀가 부모를 부양하는 경우에도 재혼은 문제가 된다. 원래 내 부모야 어쩔 수 없지만 재혼으로 인해 새 아버지나 새 어머니를 모시게 되면 심리적으로 부담이 되는 것은 물론 경제적으로도 부담이 된다. 재혼으로 새로운 부모, 자녀 관계가 형성되면 그밖에 여러 가지 문제들이 생길 수도 있는데 이런 불편함을 감수하지 않으려고 부모의 재혼을 꺼리는 자식들이 많다.

성공적인 황혼 재혼을 이끌기 위해서는 노인들이 대화를 통해 자신의 의사를 당당하게 표현하는 것은 물론, 교육을 통해 본인뿐 아니라 자녀에게도 황혼 재혼에 대한 올바른 인식을 심어줘야 한다. 재혼을 원하는 당사자 역시 자녀와의 갈등을 피하기 위해 그저 참고 지내거나 자녀 몰래 이성을 만나지 말고 당당하게 요구할 필요가 있다. 길지 않은 인생에서 자식 눈치나 보고 주변 시선만 의식하다 보면 자신의 노년을 행복하게 해 줄 소중한 반쪽을 놓칠 수도 있다.

♣ 황혼 재혼에 성공하려면

　자식들이 충분히 이해해주고, 주변의 따가운 시선이 사라진다고 해서 누구나 다 황혼 재혼에 성공할 수 있는 건 아니다. 황혼 재혼은 오랜 결혼 생활로 인해 부부관계에 관해서라면 도가 튼 베테랑들의 준비된 결혼이라는 점에서는 긍정적이다. 이제 막 사회생활을 시작해서 경제적 기반을 잡아야하는 초혼의 경우와는 달리 금전적으로 여유가 있다. 자녀를 낳아서 양육하는 어려움도 없고 시부모를 모실 일도 없기 때문에 부부 중심의 관계를 발전시키기도 좋다. 하지만 오랫동안 축적되어 쉽게 고치기 힘든 버릇과 사고방식을 가진 탓에 새로운 배우자와 충돌할 가능성도 적지 않다. 또한 첫 번째 결혼에서 만족스럽지 않았던 것을 두 번째 결혼에서 보상받으려는 심리가 강하다보면 상대에게 무리한 요구를 할 수도 있다.

　군 장성이던 남편과 10년 전 사별한 정 모 씨(60세)는 5년 전 재혼을 하게 되었다. 재혼 상대 역시 아내와 사별한 남자였다. 정 씨는 재혼으로 인해 군 장성이던 남편의 연금을 받을 수 없게 되었지만 행복한 재혼생활을 꿈꾸며 기꺼이 연금을 포기했다. 그런데 결혼생활이 순탄치만은 않았다. 군 장성이던 남편이 집안일에는 손 하나 까딱않고 매사에 권위적인 데 질려있던 정 씨는 재혼한 남편은 다를 거라 생각했지만 막상 살아보니 별반 다를 것이 없었고 성격 차이로 인해 불화가 생겼다. 결국 재혼한 지 5년 만에 이혼을 하게 되었고, 정씨는 재혼 때문에 포기했던 연금을 보상해 달라고 했다. 남편은 정씨에게 5억 상당의 아파트를 위자료로 지급했고 두 사람은 다시 혼자가 되었다. 정 씨는 이 나이 먹어서 또 밥걱정이나 하고 남편 수발만 들 수는 없다며 결혼이라면 손사래를 치고 혼자가 편하다고 말한다.

기혼자와 미혼자의 수명을 비교한 어떤 연구 결과에 따르면 기혼 남성들은 미혼 남성들보다 평균 2년 이상 오래 살지만 기혼 여성은 오히려 미혼 여성보다 수명이 짧다고 한다. 결혼을 하게 되면 가장으로서 생계를 책임지는 남자의 부담도 만만치 않지만 여자들의 스트레스도 무시 못한다. 맞벌이가 많은 요즘의 현실에서 여자들은 직장일과 집안일은 물론 아이를 키우고 시부모를 모시는 일까지 도맡아서 하기 때문에 나이 들어서 남편과 사별하더라도 아픔에 적응하고 나면 혼자인 것이 더 편하게 느껴질 수 있다. 사별한 전 남편과의 부부생활이 너무 힘들어서 다시는 결혼을 하지 않겠다고 말하는 여성들도 적지 않다. 하지만 전 부인에게 질려서 다시는 여자를 상대하지 않겠다고 말하는 남성들은 그에 비해 적은 편이다.

황혼 재혼에 성공하려면 자기에게 맞는 상대를 찾는 일이 중요하다. 재혼을 희망하는 이들 가운데 특히 남성 노인들은 자신보다 한참 어린 젊은 여자를 바라는 경향이 있다. 자신의 사후에 생길 여러 가지 장례나 생계 문제, 배우자와의 소통과 유대감 등을 충분히 고려한다면 가

급적 연령이 비슷한 이성을 택하는 것이 좋을 듯하다.

재산분배 문제나 자녀와의 관계에 대해서도 미리 조치를 취하는 것이 좋다. 서로의 재산을 어떻게 관리하고 생활비는 어떻게 부담할지 등의 현실적인 문제를 확실히 짚고 넘어가는 현명한 자세가 필요하다. 이러한 분쟁에 대비하여 '부부재산 약정제도'를 활용해 문제를 해결할 수도 있다.

부부재산 약정제도란 결혼하려고 하는 남녀가 앞으로 부부로서 함께 사는 동안 두 사람의 재산관계를 어떻게 할 것인지 미리 약속해 정하는 것을 말한다. 즉, 결혼을 앞두고 있는 남녀가 재산관계에 대해 서로 논의하여 일치된 바를 문서로 남기고, 이를 등기하면 부부 이외의 자녀 등 제3자에 대해서도 그 약정은 효력을 미친다.

성공적인 노혼을 위해서는 경제력도 갖춰야 한다. 자녀들의 경제적 지원을 받아 생활해야 하는 입장이라면 재혼 얘기를 꺼내기도 힘들고, 설사 재혼을 한다고 해도 결혼 생활에 여러 가지 문제가 생길 수 있다. 연금제도가 잘 정비돼 있어서 노후에도 경제적으로 자립할 수 있는 서구의 노인들과 달리 우리나라에서는 경제적인 문제로 황혼 재혼이 힘들어지는 경우가 많다.

⚜ 결혼이 아니어도 좋다

통계청의 '2005 인구주택 총조사'에 따르면 60세 이상 노인이 홀로 사는 단독가구가 70만 6,000가구를 넘어섰다. 독거 할머니는 독거 할아버지보다 다섯 배나 많다. 이들 가운데 많은 수가 자식들에게 재산을 다 쏟아붓고 빈곤에 시달리고 있다. 경기불황이 장기간 지속되면서 자식들마저 부모를 외면한 탓에 할머니들은 돈이 있는 할아버지들에게 노후를 기댈 수밖에 없는 상황이다. 홀로 사는 노인의 이성교제나 결혼이 터부시되는 이면에는 전국적으로 공공연히 오가는 황혼 동거 비용이 있고, 이는 우리 사회 노인이 처한 현실을 적나라하게 드러내고 있다.

몇 년 전 한 시골마을 농가에서 홀로 살던 60대 후반의 할머니가 실종된 사건이 발생했다. 그런데 이웃을 통해 드러난 할머니의 생활상은 사건을 조사하던 경찰을 당혹케 했다.

일찍이 남편을 떠나보내고 세 자녀를 모두 출가시킨 할머니는 서울에 사는 자식들과 떨어져 20년 가까이 홀로 지냈다. 서울 사는 자식들이 가끔 용돈을 부쳐주긴 했지만 크게 도움이 안 됐고, 할머니 혼자 농사를 지어봤자 별로 돈도 되지 않았다. 그러던 차에 이웃의 소개로 한 할아버지를 만났는데, 경제적으로 도움도 주고 이것저것 자상하게 할머니를 챙겨주자 마음이 동해 동거를 결심하게 되었다. 서울 사는 자식들은 명절에도 바쁘다는 핑계로 할머니를 찾지 않았기에 할머니가 동거한다는 사실을 까맣게 몰랐다. 금실 좋게 잘 지내던 할아버지가 세상을 떠나고 다시 혼자가 되자 외로움을 견딜 수 없던 할머니는 다른 상대를 찾아 나섰다. 아는 사람의 주선으로 선을 본 할머니는 70대 초반의 할아버지와 같이 살게 됐는데 이번엔 얼마 못 가서 성격 차이로 헤어졌다. 할머니는 그 후 세 번째 할아버지와 교제를 시작하면서 이웃 마을의 할아버지 집에 머물게 됐는데, 실로 오랜만에 시골집을 찾은 자식들이 할머니가 집에 보이지 않자 경찰에 실종 신고를 한 것이었다.

도시와 달리 젊은 세대가 빠져나가고 노인들만 남아 일찌감치 고령화 사회가 된 농·어촌·도서 지방에서는 혼자 된 노인의 이성교제와 동거가 일상화되고 있는 것이 사실이다. 따라서 이들 지역에서는 독거노인을 찾아보기가 어려울 정도다. 대도시에 사는 노인들은 남녀가 만날 기회가 비교적 많은데다 시골의 노인들보다는 경제적으로 여유가 있다. 도시 노인들은 마음에 드는 상대를 만나 영화를 볼 수도 있고, 모텔에 가서 즐길 수도 있지만 시골에서는 그런 것들이 불가능하다. 그래서 주변의 아는 사람을 통해 이성을 만나게 되고, 눈치봐야 할 자식들이 멀리 떨어져있는 관계로 살림을 차리기가 더 수월하다. 그러나 젊은 층이 다수를 차지하는 대도시의 경우에는 오히려 독거노인이 많은데 시골의 노인들과 달리 자식들 몰래 동거하기가 쉽지 않다.

그러나 최근에는 도시에 사는 노인들도 재혼에 대한 곱지 않은 시선이나 자녀들의 반대, 재산 문제, 경제적 부담으로 인해 재혼을 포기하고 현실적인 대안으로 동거를 택하는 경우가 많다. 이런 경우 노인들의 동거는 자칫 잘못하면 일탈이나 잘못된 행위로 간주되기 쉽다. 따라서 본인들이 재혼보다는 동거를 택한 이유를 밝히고, 자녀들이나 주변 사람들에게 동거 사실을 떳떳이 알리는 것이 좋다.

그런데 동거는 결혼과 달라서 여성과 남성 모두 법적인 보호를 받지 못하는 것이 사실이다. 동거가 사실혼으로 인정받는다 해도 이혼할 때

위자료나 재산분할을 요구하는 데 있어서도 불리하고, 재산 상속 역시 권리를 가질 수가 없다. 이러한 이유로 재산의 일부분을 동거 상대에게 준다는 내용을 미리 못박아 두는 계약을 하기도 한다. 황혼 동거에 금전이 오가는 것을 좋지 않게 보는 일부의 시각도 있지만, 홀로 된 부모가 노후를 편안하게 보내고 최소한의 경제적인 뒷받침이 필요한 현실을 놓고 봤을 때 무조건 비난할 수만은 없는 문제다.

황혼기의 이성교제

종은 누가 울리기 전까지 종이 아니다.
노래는 누군가 부르기 전까지 노래가 아니다.
사랑도 함께 나누기 전까지 사랑이 아니다.

사별이나 이혼으로 배우자를 잃고 혼자 외롭게 살아가는 노인들이 황혼 재혼이나 동거를 하는 것은 노후를 보다 행복하게 보내기 위해서일 뿐, 황혼 재혼이나 동거 자체가 목적은 아니다. 그러므로 선택을 하는 데 있어서 서두를 필요가 없으며 주변의 친구들이나 지인들이 황혼 재혼이나 동거를 한다고 해서 거기에 부화뇌동할 필요는 없다. 혼자인 것이 외롭기는 하지만 홀가분한 면도 있으므로 차분하게 독신 생활을 즐기며 적당한 상대를 찾는 여유가 필요하다.

결혼을 하든 안 하든 선택은 그 다음이고, 일단은 이성을 자유롭게 만날 수 있는 기회가 노인들에게 충분히 주어져야 한다. 결혼정보업체들은 최근에 수요가 많아진 노년 새혼 분야에 대한 비중을 높이고 있지만 결혼을 전제로 한 만남은 노인들에게 다소 부담이 된다. 이런 문제를 고려해 결혼의 부담이 덜한 실버 미팅이 성행하고 있고, 노인 전용 무도장이나 콜라텍이 노인들로 넘쳐나고 있다.

어르신들의 얘기에 따르면, 요즘에는 콜라텍에서 이성 친구를 사귀거나 데이트하는 경우가 많다고 한다. 노인들은 문화센터나 개인 교습 등을 통해 사교댄스를 배운 다음 콜라텍 무대로 진출한다고 한다. 가끔 콜라텍에 간다는 김 모 씨(70세)는 "노인들이 딱히 갈 곳이 없기 때문에 전직 고위 공무원부터 경찰관, 영관급 군인, 교장, 은행 지점장 등 사회 생활을 할 때 내로라 하는 직업을 갖고 있던 사람들도 콜라텍에 많이 온다."라고 말했다. 그곳에서 만난 독신 남녀끼리 황혼 재혼을 하기도 하는데 유부남, 유부녀끼리 만나 부적절한 관계를 맺었다가 배우자에게 들통나는 바람에 황혼 이혼에 이르는 경우도 있다고 한다.

노인들이 콜라텍을 즐겨 찾는 까닭은 우선 주머니 사정이 여의치 않아도 적은 비용으로 냉·난방 시설이 갖추어진 곳에서 여가를 즐길 수 있기 때문이다. 콜라텍은 입장료가 저렴하고 식사나 안주도 일반 음식점에 비해 저렴한 편이다. 게다가 이성끼리의 만남도 자연스럽게 이루어질 수 있다는 점이 노인들의 발길을 콜라텍으로 이끌고 있다. 젊은 이들이 드나드는 나이트클럽에서 성행하는 '부킹(즉석 만남)' 역시 콜라텍에서도 똑같이 이루어지고 있다. 좀 과장해서 표현하면 '콜라텍=노인 해방구'로 자리 잡은 셈이다. 그러다 보니 '물 좋은 곳'으로 소문난 서울 종로, 영등포, 신촌, 청량리 등지의 콜라텍은 연일 성업 중이라고 한다.

노인들이 이성 친구를 사귈 수 있는 공간은 이 밖에도 많다. 콜라텍에서 더 수월하게 이성과 만날 수 있을 뿐이지, 노인들 역시 젊은이들과 마찬가지로 언제 어디서든 애인을 사귈 수 있다. 약수터에 올라갔다가 혹은 식당에서 식사를 하다가, 각종 동호회에서 함께 활동하다가 서로 호감을 느껴 친구로, 연인으로 발전한다. 집단 미팅을 통해 이성 친구를 만나게 되는 경우도 있다.

그런데 이성교제라는 것이 그렇게 쉽고 간단한 문제는 아니다. 젊은이들도 이성 문제가 잘 안 풀려서 속앓이를 하고 극단적인 경우에는 자살까지 이르기도 하는데 연륜과 경험이 쌓인 노인들이라고 해서 그 문제를 비켜갈 수는 없다.

⚜ 어르신들을 위한 데이트 코치

경기도 평촌에 사는 송 모 씨(67세)는 오래 전에 아내와 사별하고 혼자 지내다 이성친구를 사귀고 싶은 마음에 노인종합복지관에서 주관하는 실버미팅 행사에 참가하게 되었다. 송 씨는 운 좋게도 세 명의 여성들에게 사랑의 화살표를 받아서 인기남으로 뽑혔고 다른 할아버지들의 부러움을 샀다. 하지만 정작 본인은 한눈에 쏙 들어오는 여성이 한 명도 없었고 또 선뜻 용기가 나지 않아 아무도 선택하지 않았다.

그런데 행사가 끝난 후 미팅에서 송 씨를 선택했던 두 명의 여성에게서 각각 전화를 받았다. 첫 번째 여성은 고학력에 품위가 있어보여서 전화연락을 받고 몇 차례 만났다. 그런데 그 여성은 남자가 무조건 여자를 떠받들어 주길 원했고, 데이트 장소나 메뉴를 정할 때도 자기 뜻대로만 하려고 했다. 또 비용은 무조건 남자가 다 내야만 했다. 송 씨는 그 여성에게 질려서 연락을 해 온 두 번째 여성을 만나기 시작했다. 두 번째 여성은 고학력은 아니었지만 외모가 수수하면서도 조신하고 여자다웠다. 그런데 송 씨의 그런 기대는 첫 데이트에서 여지없이 깨지고 말았다. 수수해 보이는 그 여성은 첫 번째 데이트에서부터 은근히 잠자리를 요구했는데, 송 씨는 데이트도 잠자리도 남자가 주도하는 데 익숙해져 있던 터라 거부감이 들었다. 그래서 지금은 두 여성 모두 만나지 않고 있는데 미팅에서 연락처를 주고받았던 세 번째 여자를 만나려니 마음이 무거워졌다. 이 여자하고도 잘 안 되면 어쩌나 하는 걱정 때문이었다.

노인종합복지관에서 실버미팅을 주선한 한 관계자의 말에 따르면 노인들이 이성에 대해 갖고 있는 고정관념을 깨기가 굉장히 힘들어서 송 씨 할아버지처럼 교제에 실패하는 사례가 많다고 한다. 마음속에 품고 있는 이상형이 오랜 세월을 거치면서 더 확고해진 경우도 있고, 남자가 돈이 있어야 된다거나, 남자는 무조건 키가 커야 하고 호탕해야 한다, 나이 차이는 4살이어야 한다, 자녀들은 모두 출가시켰어야 한다, 여자들은 으레 선물을 바라기 때문에 부담된다는 등의 고정관념에 얽매이면 이성교제가 힘들어진다. 이렇게 자기만의 틀 안에 갇혀서 색안경을 끼고 상대를 보면 대화가 통하지 않을 뿐 아니라, 상대가 가진 장점을 보지 못해 의외로 괜찮은 상대를 아깝게 놓칠 수 있다. 고정관념에서 벗어나 마음을 비우고 상대를 있는 그대로 바라보도록 노력하면 그 속에서 상대가 가진 장점과 매력을 찾을 수 있을 것이다. 또한 몇 차례의 안 좋은 경험에 질려서 이성교제 자체를 꺼리는 것 또한 안타까운 일이다.

✤ 열정 때문에 판단력을 잃지는 말아라

서울 노원구에 사는 황 모 할아버지(70세)는 아내가 심한 당뇨로 시력을 잃은데다 심장질환이 있어 병원 출입이 잦았다. 전직 의사인 황 할아버지는 평생을 성실하게 일하며 재산을 모았고 부동산 투자로 재미를 봐 경제적으로 상당히 여유가 있었다. 시집간 세 딸이 가끔씩 들여다보긴 했지만 아내 병수발과 집안일은 거의 황 할아버지 몫이었다. 할아버지는 청소며 세탁, 식사 준비 등 자질구레한 집안일을 도맡아 했고, 당뇨가 있는 아내를 위해 늘 식단에 신경써야 했다. 그런데 원래 무뚝뚝하고 퉁명스러운 아내는 몸이 아프면서 점점 더 신경질적으로 변해갔고 걸핏하면 짜증을 내곤 했다. 병수발에 지치고 스트레스가 쌓이면 황 할아버지는 간병인에게 잠시 아내를 맡기고 외출을 하곤 했고, 여자들을 만나기도 했지만 깊은 관계를 맺거나 하는 일은 없었다.

그런데 최근에 한 여성을 만나면서 할아버지에게 변화가 생기기 시작했다. 술집을 운영하며 혼자 살고 있는 김 모 씨는 46살로 할아버지에 비하면 한참 어렸지만 할아버지의 이상형에 가까운 여성이었다. 평소 자신과 나이가 엇비슷한 여자보다는 한참 어린 여자들에게만 눈길이 가곤 하던 황 씨인지라 김 씨에게 한눈에 반해 술집을 자주 드나들게 되었다. 불경기로 장사가 잘 되지 않던 김 씨는 황 할아버지가 술을 마시러 오면 엄청 바가지를 씌우며 비싼 술값을 치르게 했다. 할아버지는 알면서도 그냥 넘어갔고 그렇게라도 김 씨에게 도움이 되기를 바랬다.

할아버지가 자신에게 호감이 있음을 눈치챈 김 씨는 할아버지의 데이트 신청을 받아들였다. 두 사람은 젊은 연인들과 다를 바 없이 영화도 보러 가고, 노래방에도 가고, 드라이브나 여행, 쇼핑을 즐기는 사이로 발전했다. 데이트를 할 때마다 김 씨가 값비싼 명품 가방이나 보석을 사달라고 하는 것이 조금 부담스럽기는 했지만 할아버지는 매번 김 씨의 애교에 무너졌고 나중에는 용돈까지 두둑히 챙겨주었다. 병수발을 드는 남편에게 따뜻한 말은커녕 늘 짜증만 내는 아내에게 지쳐있던 할아버지는 간드러지게 웃으며 살갑게 굴고 교태를 부리는 김 씨가 사랑스럽기만 했고 그녀에게 쓰는 돈이 아깝지 않았다.

그러던 어느 날, 달라진 할아버지를 수상하게 여기던 딸들이 할아버지의 카드 명세서를 보고는 깜짝 놀라고 말았다. 김 씨에게 그동안 들인 돈이 수천만 원에 달했기 때문이었다. 아버지의 불륜을 의심한 딸들은 김 씨를 뒷조사하기 시작했는데 알고보니 김 씨는 남편이 있는 유부녀였고, 술집을 찾는 손님 중에 나이 많고 돈 많은 남자들만을 골라 작업(?)을 하고 돈을 뜯어내곤 했었다. 김 씨가 이혼하고 혼자 산다는 말을 철석같이 믿고 있던 할아버지는 아버지가 꽃뱀에게 당한 거라는 딸들의 말을 한사코 믿으려하지 않았다. 오히려 자신의 순수한 마음을 무참히 짓밟는 딸들이 원망스럽기만 했다.

그런데 할아버지와 김 씨 사이를 눈치챈 김 씨의 남편이 집에 들이닥쳐 행패를 부리자 그제서야 아차 싶은 생각이 들었다. 김 씨가 자신에게 거짓말을 밥 먹듯이 하고, 자신의 순정을 이용해서 돈을 뜯어냈다는 사실에 크게 상심한 할아버지는 아내와 딸들 얼굴을 차마 볼 수가 없었고, 무엇보다도 마음이 너무나 괴로웠다. 결국 할아버지는 아내 옆에 앓아눕고 말았다.

나이가 들수록 남자들은 의존적이 되기 쉽고 특히나 젊은 여자의 유혹에 쉽게 넘어가 실수를 할 수 있다. 나이 들어서도 열정을 간직하는 것은 좋으나, 그런 순수한 마음이 돈 때문에 이용당하는 일은 없어야 할 것이며 그러기 위해선 냉철한 판단력을 잃지 말아야 한다.

성공적인 노화를 위하여

한가함이란 아무 것도 할 일이 없게 되었다는 게 아니라
무엇이든지 할 수 있는 여가가 생겼다는 뜻이다.

야구계에도 일반인들에게 잘 알려지지 않은 숨겨진 영웅들이 있다. 그중 한 사람이 미국 야구의 전설이자 불멸의 흑인 투수인 사첼 페이지Satchel Paige다. 그는 1906년 7월 7일생으로 기록되어 있지만 실은 1899년생이라는 설도 있고 1903년생이라는 얘기도 있다. 페이지는 17살 때부터 투수로 활약했는데 그 당시 흑인 선수는 메이저리그에서 뛸 수 없었으므로 흑인야구연맹인 니그로리그에서 선수생활을 할 수 있었다. 이후 인종차별의 벽이 무너지자 페이지는 1948년 42살의 나이에 최고령 신인으로 메이저리그에 데뷔했다. 그는 59살에 3이닝을 무실점으로 던지고 은퇴함으로써 최고령 현역선수 기록을 남겼고 메이저리그 사상 최고의 기인으로 통한다.

페이지가 투수로 활동하면서 의도적으로 자신의 정확한 나이를 밝히지 않았기 때문에 스포츠 기자들 사이에서는 그의 나이에 대한 궁금증이 점점 커져 갔다. 그러던 어느 날 궁금증을 참지 못한 기자 하나가 그에게 "몇 살이시죠?"라고 대놓고 물어보았다. 그러자 페이지는 "이전에 내가 몇 살이었는지 기억하지 못하는데 지금 몇 살인지를 어떻게 알 수 있겠습니까?"라고 대답하였다. 1967년에 《난 영원히 공을 던질 거야》라는 자서전을 발표한 페이지는 "만약 당신의 나이를 잘 모르겠으면, 내가 과연 몇 살이었으면 좋겠는지를 먼저 생각하라."라고 이야기하곤 했다. 그의 평생 좌우명은 "결코 뒤돌아 보지 말라. 내 나이를 잊어버리자."라는 것이었다. 그렇게 젊음을 간직하며 살아온 그는 메이저리그에서의 활약은 두드러지지 않았으나 1971년 니그로리그 출신 선수 중 최초로 명예의 전당에 헌액되었고, 역사상 가장 위대한 투수로 기억되고 있다.

나이를 묻는 질문에 대한 페이지의 대답은 성공적인 노화란 무엇인가를 고민해보게 만든다. 대부분의 사람들에게 성공적인 노화와 성공적이지 못한 노화의 차이점이 무엇인지 물어보면 질병이 없이 건강한 것을 성공적인 노화의 우선적인 조건으로 꼽는다. 물론 질병이나 장애가 없다는 것은 성공적인 노화의 매우 중요한 구성요소임에는 틀림없다. 그러다 이것이 전부는 아니다. 객관적으로 양호한 육체 건강보다는 주관적으로 건강 상태가 좋다고 느끼는 것이 훨씬 더 중요하며, 그다지 나쁘지 않은 건강상태를 갖고 있어도 스스로 병자라고 생각하면 고통이 더 가중된다. 일반적으로 성공적인 노화란 연령이 증가하더라도 질병이나 기타 질환으로부터 자유로울 수 있고 양호한 수준의 신체적·인지적 기능을 유지하며 적극적으로 인생에 참여할 수 있는 것을 말한다. 한 마디로 집약해서 말하면 즐거움을 누릴 줄 아는 여유를 갖는 것이 성공적인 노화일 것이다.

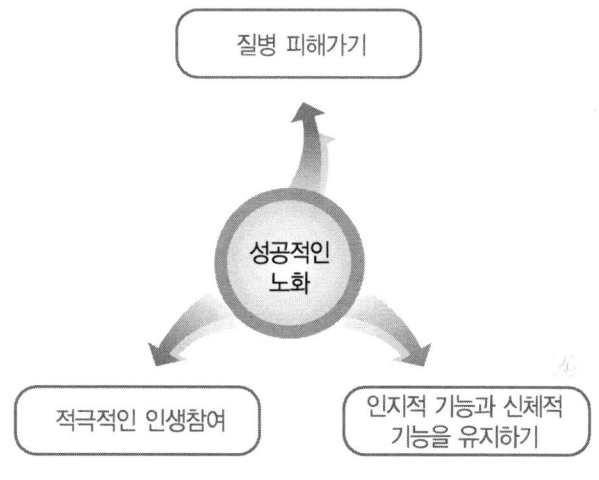

성공적인 노화의 구성요소

사람은 누구나 나이를 먹고 늙어간다. 그런데 인류 역사상 지금처럼 늙음과 노화가 천대받는 시기도 없는 듯하다. 대중매체는 오로지 젊음, 젊음, 젊음만을 찬양하고 있다. 몇 년 전부터 불어닥친 동안 열풍 또한 젊음에 대한 찬양과 집착 때문이다. 자기 나이보다 한참 어려보이기 위해 시간과 노력을 들이는 것은 노화에 대한 부정적인 인식의 소산이다.

젊음이 찬양받는 사회에서 '항노화'나 '노화방지'가 화두가 되는 것은 보다 젊게 살기 위한 어쩔 수 없는 선택일 수 있다. 그러나 이러한 용어들은 노화에 대한 적대감을 조장하고 있으며 노화란 두렵고 나쁜 것이라는 인식을 심어준다. 그러나 최근에는 노화에 대한 생물학적 해석이 달라지고 있다. 노화현상과 병적 노쇠는 엄연히 다른 것이며 생물체가 늙어가는 것은 어찌보면 생존을 위한 변화라고 할 수 있다. 그래서 안티에이징antiaging보다는 웰에이징wellaging을 지향하자고 말하고 싶다. 노화를 부정적인 것으로 치부해서 극복의 대상으로 여기는 것은 성공적인 노화를 오히려 방해할 수 있다.

노인은 삶의 다양한 경험을 통해서 성숙함과 지혜를 갖추고 있고, 사람들이 배워야 할 덕목들을 갖고 있다. 노년의 겉만 바라보고 늙음과 노화를 수치심과 좌절감으로 동일시하는 것은 바람직하지 못한 생각이다.

⚜ 무병장수의 비결

'왜 우리는 늙어 죽어야 하나?' 불로불사不老不死에 대한 집착은 인류 역사가 시작된 이래 영원한 화두로 동서고금을 가리지 않는다. 중국을 통일하며 세상을 호령했던 진시황도 불로초를 얻기 위해 먼 곳까지 사람을 보냈고, 17세기 유럽에선 당대 최고의 과학자들이 수은을 불로장생의 만병통치약으로 믿고 장기 복용했다는 웃지 못할 이야기도 있다. 미래 인류의 삶의 모습을 다룬 헐리우드 SF영화들도 과학 기술에 의한 생명복제를 생생하게 묘사하며 불로불사에 대한 끝없는 욕망을 여실히 드러낸다.

과학의 발달로 인간의 수명이 급격하게 연장된 사실을 고려하면 앞으로 얼마나 놀라운 일이 생길지 모를 일이다. 생명공학자들의 예측에 의하면 2020년엔 이른바 나노미터nm(10억분의 1m) 크기의 '혈관 청소용 로봇'이 등장해서 자동차 정비공이 자동차를 수리하듯 사람 몸속의 혈관을 깨끗이 청소하고 손상된 부위를 수리할 것이라고 한다. 그렇게 되면 평균수명 100세는 훌쩍 뛰어넘을 것이다.

지난 2003년 인간 게놈Genome프로젝트가 유전자 지도를 완성된 이래 생명과학은 암과 각종 성인병, 노화로부터 인류를 구원하기 위해 연구에 연구를 거듭했다. 노화란 아주 복잡한 생명현상이기 때문에 메커니즘을 분석하는 것이 여간 어려운 일이 아니지만 현대과학이 밝혀낸 무병장수의 비결을 다음의 6가지로 압축할 수 있다.

그중 첫째는 저칼로리 음식 위주로 소식小食을 하는 것으로, 지금까지 나온 노화 억제 방법 중 효과가 가장 확실하다고 학자들이 주장하고 있다. 쥐를 대상으로 한 실험에서 식사량을 30% 줄이면 수명이 최대 40% 연장되었으며 이는 인간의 경우도 마찬가지다. 미국 루이지애나 주립대 연구팀이 입원환자들을 조사한 결과, 적게 먹는 환자들은 인슐린 수치와 체온이 낮고 DNA 손상도 적었다고 하는데 이 세 가지는 장수의 지표로 알려진 수치들이다. 소식과 장수의 연결고리는 세포들이 느끼는 위기감이다. 세포는 평상시 자기보존과 세포재생에 에너지를 나눠 쓴다. 식사량이 적어지면 생존의 위기감을 느낀 세포들이 재생에 쓰던 에너지까지 유지, 보수에 투입하기 때문에 세포 소멸이 줄어들고 이것이 수명연장으로 이어진다. 그러나 무조건 적게 먹는 것이 최선은 아니며 식사량을 줄이는 대신 비타민, 미네랄 등의 필수영양소는 충분히 섭취해야 한다.

장수의 두 번째 비결은 저체온으로, 세계적으로 유명한 과학잡지인 사이언스Science지에서 밝힌 새로운 장수 비결이다. 쥐를 대상으로 한 실험에 의하면 유전자 조작으로 쥐의 체온을 0.3~0.4℃ 낮추면 수컷은 12%, 암컷은 20% 정도 수명이 연장되었는데, 이를 인간의 나이로 환산하면 7~8년이라고 한다. 또한 미국의 국립 노화연구소의 조지 로스 박사팀이 '볼티모어 노화연구' 참가자 718명을 조사한 결과 체온이 낮을수록 수명이 더 길었다고 한다. 체온이 낮아지면 체온유지에 들어가는 에너지가 감소하는데, 에너지 생성과정에서 발생하는 노화물질인 '활성산소'도 그만큼 감소하기 때문에 장수에 도움이 되는 것으로 추정하고 있다.

장수의 세 번째 비결은 성공과 학력이다. 런던 대학의 마멋 교수가 1997~1999년 영국의 공무원 5,500명을 대상으로 조사한 결과 소득수준이 가장 높은 그룹은 최하그룹에 비해 고혈압, 뇌졸중, 심장병 유병률이 2~4배 정도 낮았다고 한다. 사회적으로 성공하고 학력이 높을수록 삶에 대한 지배력과 사회참여의 기회가 더 많기 때문에 더 오래 사는 것이다.

학력이 높으면 더 오래 사는 이유를 생리적 요인에서 찾기도 한다. 두뇌의 용적과 뉴런의 숫자로 결정되는 '두뇌보유고'가 높을수록 치매 등 노화에 따른 뇌세포의 퇴행에 더 잘 버티기 때문이다. 두뇌보유고의 높고 낮음에는 선천적인 요인도 크게 작용하지만 그보다 더 중요한 것은 후천적인 노력이다. 건강한 노년을 보내고 장수하려면 두뇌운동과 육체적 운동을 꾸준히 해서 두뇌보유고를 높여야 한다.

장수의 네 번째 비결은 긍정적인 태도다. 2004년 예일대 연구팀이 발표한 논문에 따르면 긍정적인 사고를 가진 사람은 부정적인 사람에 비해 약 7.5년을 더 사는 것으로 나타났다. 긍정적인 태도는 스트레스 호르몬인 코티졸을 낮추어 각종 면역성 질환과 심장병, 알츠하이머병 등에 걸릴 확률을 낮춰주기 때문이다.

장수의 다섯 번째 비결은 친밀한 인간관계다. 배우자, 자녀, 친구, 이웃과 친밀한 관계를 맺는 것이 수명을 연장하는 데 도움이 되며 기혼자는 미혼자에 비해 사망률이 낮다고 한다. 특히 배우자의 존재가 중요한데, 미국 시카고 대학 노화센터의 웨이트 박사에 따르면 심장병을 앓고 있는 기혼 남성은 건강한 심장을 가진 독신 남성보다 4년 정도 오래 살았다고 한다. 또한 아내와 함께 사는 남성은 매일 한 갑 이상 담배를 피워도 담배를 피우지 않는 이혼 남성만큼 오래 산다는 연구결과도 있다. 대화를 나눌 상대가 있어서 어려울 때 의지할 수 있으면 두뇌활동과 면역체계가 활성화되고 스트레스에도 더 잘 대처할 수 있다. 이런 심리적 효과 외에 같이 사는 배우자로부터 경제적 지원을 받고 서로 건강을 챙겨줄 수 있으면 장수에 도움이 된다.

장수의 여섯 번째 비결은 주거환경이다. 미 국립 노화연구소의 연구팀이 캘리포니아 알라메다 지역의 55세 이상 인구를 대상으로 조사한 결과 교통, 소음, 범죄, 쓰레기, 대중교통 등 주거환경이 좋은 그룹은 주거환경이 나쁜 지역의 거주자들에 비해 신체 기능성 테스트에서

55.2%나 더 높은 점수를 받았다고 한다.

노화방지를 위한 10가지 식품

미국의 노화 방지 전문가인 니콜라스 페리콘 박사는 그의 저서 《젊게 보이고 오래 사는 3가지 간단한 방법The Perricone Promise : Look younger, live longer in three easy steps》에서 잘못된 식생활이 염증을 유발하고 반대로 음식을 잘 선택하는 것만으로도 염증을 지연시킬 수 있다고 말한다.

즉, 나이를 먹음에 따라 피부에 주름이 생기고 탄력이 없어지는 것은 염증 때문이며, 염증은 심장병, 당뇨병 및 암 같은 노화 관련 질병의 원인이기도 하다는 설명이다. 또한 특정 유형의 식품을 먹는다면 단 30일 만에 10년은 더 젊게 보일 것이라고 주장하기도 했다. 다음은 니콜라스 페리콘 박사가 말한 10가지 노화 방지 식품이다.

1. 아카이(Acai) 과일 : 짙은 보라색으로 항산화제 등이 풍부하다. 건강 식품 가게에서 주스 형태로 살 수 있다.

2. 마늘 계열 식품 : 마늘, 양파, 부추, 파 등은 사람의 간이 독소와 발암 물질을 제거하는 것을 돕는다.

3. 보리 : 섬유질이 풍부한 보리는 지방, 콜레스테롤 및 탄수화물의 대사를 돕는다. 아침 시리얼이나 수프로 먹거나 쌀 대용으로 먹는다.

4. 녹색 식품 : 여기에는 분말, 정제 또는 주스 형태로 구입할 수 있는 밀이나 보리도 포함된다. 녹색 채소보다 영양분이 많으며 콜레스테롤 및 혈압을 낮추고 면역 반응을 증진시킨다.

5. 메밀 종자 및 곡식 : 단백질, 아미노산이 많이 들어있으며 혈당을 안정시키고 고혈압을 낮춘다.
6. 콩 : 항산화제, 엽산, 칼륨이 풍부하다.
7. 고추 : 고추에는 감이나 귤보다 비타민 C가 2배나 많이 들어있으며 지방을 연소시킨다.
8. 견과 및 종자 : 호두, 아몬드 등 견과를 매일 한 웅큼씩 먹는다. 견과에는 심장에 좋은 오메가3 지방이 많이 들어있다. 소금을 치지 않은 날것을 선택하는 것이 좋다.
9. 양배추 : 단백질과 비타민 C가 풍부한 양배추는 맛도 좋아서 다양한 요리에 곁들여 먹을 수 있다.
10. 요쿠르트 : 면역 기능을 돕기 때문에 건강에 유익한 균이 들어있다. 또 칼슘은 지방연소를 돕는다.

✤ 실버취업을 늘려라

노인들도 언제까지나 일하고 싶어한다. 자식에게 기대지 않고 자기 손으로 돈을 벌어 떳떳하게 살고 싶어서다. 그러나 최근에 경기가 어려워지면서 청년들은 물론 노인들의 일자리를 구하기도 부쩍 힘들어졌다. 특히 우리나라가 고령화 사회로 접어들면서 일자리를 찾는 노인들의 수가 더욱 늘어나 구직난은 더욱 심해지고 있는 상황이다.

한국 노인의 전화에 걸려온 노인들의 취업상태를 보면 심각성이 더

하다. 방범관련 일을 하던 최 모 씨(68세)는 5개월 전 정년을 맞게 되면서 직장을 나와야 했다. 건강에 자신이 있어 새로운 일을 찾아 나섰지만 취업이 그렇게 쉽사리 해결되지 못했다. 최 씨는 "아직 건강하니까 그저 놀고 쉴 수만은 없어서 일거리를 찾아보고 있지만 받아주는 데가 없다."라고 말하며 취업의 어려움을 호소했다.

서울 영등포에서 혼자 사는 김 모 할머니(85세)의 경우처럼 모아 두었던 돈도 떨어진데다 건강마저 좋지 않는 경우에는 사정이 더욱 딱하다. 건강이 좋지 않아도 당장 먹고 살기 위해서는 일을 찾아야만 하기 때문이다. 한국 고용정보원의 자료에 따르면 60대 이상 노인의 경우 취업률은 20%를 겨우 넘고 있다. 퇴직한 뒤 일자리를 다시 찾은 65살 이상 노인도 10명 가운데 3명에 불과하다. 나머지는 가족에 의존하거나 혼자서 경제적인 부담을 해결해야 한다.

최근 6,900여 개의 일자리가 제공된 박람회에는 첫 날에만 전체 채용인원보다 17%가 많은 인원이 몰려서 취업을 원하는 노인들이 많음을 여실히 보여주었다.

서울 동교동에 사는 김 모 씨(72세)는 마포 시니어클럽에서 컴퓨터로 현수막을 제작하는 일을 하고 있다. 건강 때문에 8년을 쉬었다가 건강을 어느 정도 추스른 김 씨는 2003년 코엑스에서 열린 실버 취업박람회에 들렀다가 지금의 일자리를 얻었다. 그는 "일을 하면 건강에 좋고 생활도 활력을 찾는다."라고 말하며 무조건 온종일 일해야 한다는 고정 관념을 버리고 자신의 사정에 맞는 파트타임 근무를 찾을 필요가 있다고 권한다.

김 씨의 경우는 요행에 가까운데 대부분의 직장에는 나이가 많아지면 월급을 더 올려주는 연공시스템이 그대로 남아 있어 고령자를 고용하기를 꺼리기 때문이다. 고령 근로자를 위한 임금피크제나 파트타임제 도입은 아직은 '남의 일'처럼 생각하는 형편이다. 그가 실버 취업박람회를 찾아간 자리에서 바로 일감을 구할 수 있었던 비결은 나이를 무색하게 하는 그만의 기술에 있었다. 김씨는 "오래전부터 구청 컴퓨터 강좌로 익힌 컴퓨터 사용 기술이 있어서 일자리를 구하기가 쉬웠다."라고 말하며 노후에 어떤 일을 할지 미리 정하고 사전에 부족한 부분을 공부하고 준비하는 것이 필요하다고 강조했다.

김 씨 같은 노인을 무척 부러워할 사람이 서울 도봉구에 사는 이 모 씨(62세)다. 그는 1992년 중령으로 전역해 제지회사 관리직, 고속버스회사 정비 관리사 등을 전전하다가 2003년에 정규직 일자리를 잃었다. 그 후로 이 씨는 고령자 취업박람회를 빠짐없이 찾았는데 김 씨가 일자리를 바로 구했던 코엑스 실버 취업박람회에도 갔었다. 그러나 그에게는 김 씨 같은 일자리 기회가 잘 오지 않는다. 어찌어찌해 기껏 일자리를 구해도 길어야 6개월을 넘기기 힘들다. 이 씨는 노후에야말로 확실한 자기만의 기술이 있어야 한다는 걸 뒤늦게, 그러나 절실하게 느끼고 있다.

삼성경제연구소에서는 저출산과 고령화가 이대로 진행될 경우 잠재성장률이 2050년이면 1% 수준으로 떨어진다고 경고한 바 있다. 중고령자의 구인과 구직을 연결해 주고 창업을 지원해 주는 실버 워크네트를 만들어 성장 둔화의 위기에 대비해야 할 때다.

행복한 노년을 위한 십계명

　다가올 고령화사회를 대비해 노인에 대한 인식의 전환을 꾀하고, 노인의 성 문제를 음지에서 양지로 끌어내며 노인들을 위한 각종 복지정책을 마련하는 것은 중요한 일이다. 그런데 그에 못지않게 중요한 것이 또 하나 있는데 바로 노인들 자신이다. 행복한 노년을 보내기 위해서는 사회적인 여건이 성숙해야 하지만, 노인들 스스로가 책임져야 할 몫도 상당히 크다.

　행복한 노년을 보내기 위해서는 첫째, 나이가 많다고 무조건 대접받으려는 생각을 버리자. 노인이라는 것은 특별한 대우를 받을 지위가 아니며 자격 또한 아니다. 우리나라는 전통적으로 노인을 공경하며 효행을 강조하고 있는데 이러한 뿌리깊은 경로사상 때문에 오히려 노인들의 의존성이 증가해 응석받이가 되는 문제가 생긴다. 나이가 들면 신체적, 정신적인 능력이 떨어져서 안 그래도 의존성이 증가하는데 무조건 대접받아야 하고 누군가 날 위해 뭔가 해주겠지 하는 생각에 빠지게 되면 한 사람의 독립적인 인간으로서 살아갈 수 없다. 더구나 앞으로 고령화사회가 되면 노인이라고 특별대우를 받기가 어려워질 것이므로, 노인이라고 해서 특별대우를 바라지 말고 자신에 대한 책임은 자기 스스로 지는 태도를 가져야 한다.

　지하철이나 길거리에서 젊은이들에게 버르장머리가 없다며 호통을 치는 노인들을 가끔 볼 때가 있다. 노인에 대한 공경심이 없고 태도가 썩 좋지 않은 젊은이들이 상당수 있는 것이 사실이다. 그러나 그런 젊은이들에게 호통을 치고 잔소리를 한다고 없던 존경심이 저절로 우러나지는 않는다. 노인은 무조건 공경받아야 한다는 생각은 시대착오적인 것이다. 존경이란 스스로 존경받을 만한 일을 하거나 위엄을 갖췄을 때 따라오는 보상이므로 스스로 노력하고 모범을 보여야만 존경받을 수 있다.

둘째, 지나치게 자기 중심적이고 독선적인 사고방식에서 벗어나자. 부족함 없이 잘 사는 상위 1%의 노인이 아니라면 대부분의 노인들은 자신이 제일 불행하다고 생각하는 경향이 있다. 고독, 가난, 병고 등 자신의 괴로움이 이 세상에서 제일 크다고 생각하며 신세한탄을 하고 서러워한다. 물론 사람은 누구나 자기 중심적인 면이 있어서 상황을 객관적으로 보기보다는 자신의 고통이 가장 크다고 주관적으로 생각하기 쉽다. 그러나 젊었을 때는 사고가 유연해서 남의 의견도 곧잘 받아들이고 지적을 받으면 고치려고 한다. 그런데 노인이 되면 사고가 경직돼 사람이나 사물에 대한 태도나 판단, 문제해결 방식에 있어 옛날과 동일한 방식만을 고수한다. 또한 독선적으로 변해서 나만 옳다고 생각하게 되고, 뒤로 한발짝 물러나 상황을 객관적으로 보기 힘들어진다. 괴팍한 노인네라는 소리를 듣기 싫으면 나이 들수록 사고의 유연함을 잃지 말아야 한다. 또한 남들에게 잔소리나 훈계를 일삼기보다는 덕담을 많이 하고 적절하게 유머를 구사할 줄 아는 여유를 가진다면 주변의 젊은 사람들에게 더욱 환영받을 것이다.

셋째, 자식에게 노후를 의지할 생각을 버리자. 자식은 일종의 노후보험이기 때문에 기대는 것이 당연하다고 여기며 생활비를 내놓으라고 큰소리치는 부모들이 종종 있다. 그러나 부모의 자식 사랑이 늘그막에 보답을 받기 위한 것이었다면 그렇게 칭송받을 만한 것이 아니지 않는가? 투자를 하고 나중에 크게 돌려받으려는 것은 장사꾼과 다르지 않다. 노인이든 젊은이든 병들어 눕기 전까지는 스스로 자립하는 것이 원칙이다. 노인이라는 이유로 무임승차할 것이 아니라 온전히 제 몫을 다할 수 있어야 한다.

넷째, 늙으면 그만이라는 생각에 더 이상 배우지 않으려는 태도를 버리자. 100세 장수인들의 공통적 특징을 보면 부지런하고, 항상 몸을 움직이며, 늘 뭔가를 배우려 한다는 것이다. 계속 배우지 않으면 빠르게 변화하는 세상에서 뒤처지기 마련이며 뭔가를 배우는 데는 나이가 중요치 않다.

다섯째, 집안에 칩거하기보다 밖으로 나가 부지런히 대외활동을 하고 모임에 참가하자. 움직이지 않고 집안에만 있으면 몸도 마음도 더 약해지기 마련이다. 장수를 하는 사람들의 공통점은 쉬지 않고 몸을 부지런히 움직인다는 것이다.

여섯째, 나이 들수록 더 외모를 가꿔라. 노화로 인해 주름과 검버섯, 흰머리가 늘어나는 건 어쩔 수 없는 일이다. 그걸 감추려고 무리하게 애쓰는 것도 좋지 않지만 그렇다고 몸치장에 아예 관심을 끊고 방치하는 것 역시 좋지 않다. 의복이 날개란 말이 있듯이, 깔끔하게 옷을 차려입고 외모를 가꾸면 남들의 대접이 달라지는 것은 물론 스스로도 더 기분 좋아질 수 있다.

일곱째, 안 되는 일은 체념할 줄도 알자. 건강이든 사업이든 자식이

든 뜻대로 되지 않는 일들이 세상에는 많다. 더구나 나이가 들면 할 수 있는 일의 범위가 줄어든다. 이를 자연의 섭리로 받아들이고 적응하면 다행이지만, 나이가 들어서도 자신의 최전성기만을 떠올리며 그때의 생활방식을 고수하고 억지를 부리면 스스로는 물론이고 주위 사람들까지 피곤해진다. 이제 안 되는 것은 과감하게 포기하고 체념하는 것이 정신건강에 좋다.

여덟째, 낭만을 잃지 말자. 꿈을 잃고 호기심을 잃는 순간 노화가 시작된다는 말이 있다. 각박한 현실 속에서도 꿈을 꾸고 감흥을 잃지 않는 것이 젊게 사는 비결이다.

아홉째, 마음을 비우고 화해를 시도하라. 살다보면 본의든 아니든 주위 사람들과 껄끄러운 관계가 되거나 반목이 심해질 수 있다. 감정이 나빠진 상대와 화해하기는 참으로 쉽지 않으며 나이 들어 완고해진 노인들에겐 더욱 힘든 일이다. 아직 젊은 사람들은 앙금을 해소할 시간적 여유가 많지만 나이 든 사람들은 그렇지 않다는 것을 명심하고 너무 늦기 전에 화해의 손을 내미는 것이 좋다.

마지막으로 받은만큼 되돌려 주는 봉사정신을 가져라. 그동안 살아온 세월을 뒤돌아보면 나 혼자 잘나서 뭔가를 이루었다기보다는 남의 도움에 힘입어 잘 된 일들이 많다. 이제는 남들에게 받은 도움과 은혜를 내가 베풀 차례다. 또한 봉사는 남을 행복하게도 만들지만 스스로를 행복하게 하는 지름길이다.

마치는 글

황혼의 사랑, 따뜻한 시선이 필요하다

　19세기 영국의 작가 오스카 와일드는 이렇게 말했다. "노년의 비극은 그들이 늙었다는 데 있는 게 아니라 그들이 아직 젊다는 데 있다." 마음은 아직 청춘이고 충분히 일할 수 있는데도 정년 퇴직과 함께 사회의 중심에서 밀려나 뒷방 늙은이 신세가 된다는 것은 참으로 슬픈 일이다. 과거에 사회적으로 인식된 '노인'은 그저 삶을 오랫동안 지속하는 인간으로서의 가치에 중점을 두었다. 때문에 마음은 아직 젊고 몸 속에 뜨거운 피가 끓고 있다 하여도 뭔가를 새롭게 시작하거나 열정을 표출하기보다는 지나온 삶을 조용히 정리하고 죽음을 준비하는 것이 '노인' 답게 사는 것이었다.

　그러나 시대가 변하면서 '노인'에 대한 인식도 차츰 변화하고 있다. 의료 기술의 발달로 평균 수명이 늘어난 오늘날에는 60세가 되었다고 떠들썩하게 환갑잔치를 하는 일이 왠지 민망하게 느껴지는가 하면 65세가 넘었는데도 자신은 아직 노인이 아니라며 지하철 무임승차를 거부하고 자기 돈을 내는 이들이 적지 않다. 또한 젊은 세대가 향유하는 라이프 스타일을 똑같이 추구하고, 60살이 훌쩍 넘어서도 새로운 직업에 도전하는 이들도 있다. 마음만 젊은 것이 아니라 몸도 젊어서 자기 나이보다 10살 이상 어려보이는 노인들도 많다. 그들은 삶의 변방으로 밀려난 퇴물이기를 거부하며 적극적으로 여생을 살아가려고 한다.

　머지않아 100세 장수시대가 도래하고 지구촌이 고령화 사회가 된다고 한다. 그런데 현실을 돌아보면 오랜 산다는 것이 무턱대고 반길 일만은 아니

마치는 글

다. 하루가 다르게 변해가는 산업시스템 속에서 예기치 않은 조기은퇴나 부실한 노후준비는 경제적 어려움을 가져올 수밖에 없다. 자녀들의 결혼과 분가, 그리고 배우자와의 사별이나 이혼으로 혼자 남겨진 노인들은 고립감과 외로움에 시달리며 우울증까지 겪게 된다. 그런 상태에서는 오랜 산다는 것이 축복이 아니라 재앙처럼 느껴질 수도 있다. 최근에 급증하고 있는 노인자살이 이를 웅변적으로 말해주고 있다.

한국은 이미 고령화 사회로 진입했고 2026년엔 노인인구가 20%를 넘는 초고령사회가 될것이라는 전망이 나오고 있다. 유아인구 팽창은 출산을 억제해서 막을 수도 있지만 노인인구의 팽창은 무엇으로도 막을 길이 없다. 그러므로 고령화사회를 위한 대책을 세우는 것은 물론, 노인 자신이나 사회 전체의 관심을 단지 장수에만 둘 것이 아니라 노후생활의 질에 두어 그 영역을 확대해야 한다.

노인들의 삶의 질을 높이려면 어떤 것들이 필요할까? 일단은 경제적으로 안정이 돼서 생활에 지장이 없어야 하고, 만만치않은 의료비 부담을 해결할 수 있어야 한다. 배우자나 가족들과의 유대감, 충분한 교우관계, 아직 일할 수 있고 쓸모있는 존재라는 긍정적인 자의식도 필요하다. 그런데 그에 못지 않게 중요한 것이 바로 노인의 '성과 사랑'이다. 성과 사랑은 삶의 가장 큰 기쁨이고 행복이며 따로 떼어놓을 수 없는 것이다. 성과 사랑에 대한 관심은 인간의 자연스러운 본능인 만큼 태어나면서부터 숨을 거둘 때까지 지속되는

●○●○●○●○●○●○ 마치는 글

것으로, 정년이라는 선을 그어 함부로 제한할 수도 없다.

그러나 우리 사회의 성에 대한 담론과 성 문화는 젊은 세대에만 집중되어 있으며 노인들은 성의 외곽지대로 밀려나 있다. 노년기에 접어들면 성욕이 사라지고 성생활도 중단되기 때문에 연로한 노인들은 무성적인 존재이며 사랑같은 건 이미 졸업했다고 생각하는 사람들도 많다. 게다가 유교적인 전통으로 인해 세속적인 것을 초월, 순결하고 점잖은 노인상만을 강요하며 노인들도 엄연히 성적 욕구를 가진 존재임을 인정하지 않으려 한다. 하지만 이는 대단히 잘못된 생각이다. 노인의 성을 은폐하고 인정하지 않는 것은 일종의 인권침해이며 그로 인해 노인들의 성이 음성화되다 보면 각종 사회 문제를 일으킬 수도 있다.

나이가 들면 다른 신체기능과 마찬가지로 성 기능도 약화될 수 있지만 병이 없는 한 80대 이후에도 성생활을 지속할 수 있으며 성과 사랑에 대한 노인들의 관심이나 욕구는 젊은 사람들의 그것과 크게 다르지 않다. 남녀노소를 불문하고 적당한 성생활은 생명의 활력소이며 특히 노인들에게는 생명연장의 원천이 된다. 젊은 세대들은 언제 어디서든 상대를 구할 수 있고 섹스를 할 기회가 많기 때문에 성에 대한 절실함이 상대적으로 덜할 수 있다. 하지만 노인들은 배우자를 잃음으로써 공인된 성 파트너가 사라지면 욕구를 해소할 기회가 없어지고, 자식들과 주변의 시선 때문에 적당한 상대를 찾기가 쉽지 않다. 그래서 사랑하는 사람과 살을 섞고 서로를 보듬어주며 여생을

마치는 글

보내고자 하는 욕망이 더 간절하다.

"인생이란 나이가 아니라 행동이며, 호흡이 아니라 생각이요, 존재가 아니라 느낌이다. 우리는 심장의 맥박으로 시간을 헤아려야 한다."라는 베일리의 말을 곱씹으며 노인의 성과 사랑을 음지에서 양지로 끌어내고 따뜻한 시선으로 바라보아야 할 때다.

2009년 11월
김 기 영

미래를 여는 지식의 힘—

(주)상상나무 도서출판 **상상예찬**

http://www.smbooks.com Tel. 02-325-5191